AF139222

Inhalt

Einfach raus!

Für die meisten Menschen scheint eine Weltreise in der Mitte des Lebens unerreichbar. Schulpflichtige Kinder, die Angst vor der Ungewissheit, die eigene Sicherheit und nicht zuletzt das Geld. Es gibt viele gute Gründe seinen Wunsch, die Welt kennenzulernen und einfach mal auszu-steigen, auf die lange Bank zu schieben. Wir haben es gewagt, obwohl wir weder besonders mutig, noch besonders wohlhabend sind. Schuld war die Erkenntnis, gerade jetzt, zwischen 40 und 50, durch das Leben zu rennen wie „´ne Lok auf zwei Beinen" und dabei die Zeit mit den gerade heranwachsenden Kindern nicht mehr richtig wahrzunehmen. Unsere Tochter Nele war 14 und sozusagen „auf dem Absprung" in eine Zeit, in der andere Themen die Präsenz der Eltern verdrängen. Sie war trotzdem begeistert von der Idee, die Welt kennenzulernen und sich für eine Weile von den Freundinnen und vielen Bequemlichkeiten des Alltags zu verabschieden. Tatsächlich hat sie aber erst spät realisiert, dass wir wirklich Ernst machen. Mika, unser 5-jähriger Sohn, konnte sich unter einer Weltreise erst einmal wenig vorstellen, ihn reizte aber die Vorstellung, beide Eltern eine lange Zeit ganz für sich zu haben. Eine mehrmonatige Reise um die Welt lässt sich nicht bis ins Detail planen, im Gegenteil, man muss dazu bereit sein, vieles auf sich zukommen zu lassen. Wie kommen die Kinder ohne Schule/Kindergarten klar? Was passiert mit dem eigenen Job? Wie wird es sein, nur einen Rucksack sein Eigen zu nennen? Wie lebt es sich mit den Kindern auf engstem Raum ohne Rückzugsmöglichkeit? Reicht das Geld? Wie reagiert die Umwelt auf das Vorhaben?

Besonders viele Menschen fragten uns vor und nach der Reise nach den Kosten, auf die wir stets gleich antworteten: alles eine Frage der Prioritäten, wenn man bedenkt, dass eine Weltreise zu viert nicht mehr kostet, als ein ordentlicher Mittelklassewagen – sofern man während der Reise nicht ständig im Luxus schwelgen möchte. Wir waren uns relativ sicher, dass wir zu viert gut miteinander auskommen und die gemeinsame Zeit genießen werden. Nach fast 20 Jahren Vollzeitbeschäftigung hatten wir uns ein bescheidenes finanzielles Polster angelegt, das wir nicht für materielle Dinge ausgeben wollten, sondern für echte Lebenszeit gemeinsam mit den Kindern und wenn wir noch körperlich fit für individuelles Reisen sind. Wir wussten, dass es sich in vielen Ländern dieser Welt einfacher und günstiger lebt, als in Deutschland. Glücklicherweise bietet mein Arbeitgeber schon seit vielen Jahren ein Arbeitszeitkonto an, in das ich in den letzten zehn Jahren immer fleißig einbezahlt habe. Auf diese Weise konnte ich acht Monate bezahlten Urlaub nehmen und mein Mann

Jan ging für dieselbe Zeit nochmal in Elternzeit (bis zum 8. Lebensjahr eines Kindes ist das möglich). Dieses regelmäßige, monatliche Einkommen sicherte unseren Lebensunterhalt auf Reisen, so dass wir „nur noch" Flugtickets und Mietwägen aus dem Ersparten finanzieren mussten. Geopfert habe ich eine verantwortungsvolle Position bei meinem Arbeitgeber, die ich mir im Laufe der Jahre hart erarbeitet hatte. Das war keine leichte Entscheidung, denn ich wusste, wie schwierig es gerade in großen Unternehmen ist, z.B. nach einer Elternzeit wieder Fuß zu fassen und in eine Führungsposition aufzusteigen. Trotzdem wollte ich unbedingt die Gelegenheit einer Auszeit nutzen und war guter Hoffnung, dass sich innerhalb der Firma etwas Neues ergeben wird, wenn wir wieder zurück sind. Später, auf der Reise, sind uns dann immer wieder Menschen begegnet, die ihre Arbeit gekündigt oder zwischendurch gejobbt haben, um ihren Wunsch nach einer längeren Reise zu erfüllen - wie Sven, der Radler, der alleine mit seinem Fahrrad von Buenos Aires durch die Pampa bis nach Patagonien gefahren ist. Wir haben ihn rein zufällig dreimal auf unserer Route getroffen. Andere sind irgendwo hängengeblieben und ausgewandert, insbesondere in Chile ist das sehr einfach. Die Geschichten der Auswanderer haben uns ganz besonders fasziniert und wir sind immer noch voller Bewunderung für so viel Pioniergeist und Abenteuerlust.

Viel Überwindung kostete uns die Fliegerei und damit sind wir bestimmt nicht allein. Immer wieder hören wir von Menschen, die die Angst vor dem Fliegen als Argument gegen eine Fernreise anbringen. Ich bin beruflich geflogen, aber privat haben wir Auto- oder Bahnfahrten immer vorgezogen. Unsere erste Fernreise sollte uns gleich einmal um den Globus herum führen und unsere bisher positive Ökobilanz mit einem Schlag verschlechtern. Einziger Trost: wir blieben immer lange und flogen erst einmal nicht wieder nach Hause. Innerhalb von 6 Monaten bereisten wir Dubai (hier lohnt ein kleiner Zwischenstopp!), Thailand, Australien, Tonga, Neuseeland, Chile und Argentinien. Seminare, die nicht teuer sind, halfen uns die Flugangst zu zügeln. Ein 2-stündiges „Schöner fliegen ohne Angst" - Seminar von einem begeisterten Hobby-flieger und Psychologen hat unser Sicherheits-gefühl beträchtlich gesteigert. Er zeigte uns Fotos von völlig demolierten Maschinen, die trotzdem noch gelandet sind! Wir haben gelernt, dass die Flügel am Rumpf nicht angeschweißt, sondern durchgehend sind, dass ein Flugzeug wirklich viel aushalten kann und nicht nur das sicherste, sondern manchmal auch das bequemste Verkehrsmittel ist. Die Fliegerei war alles in allem eine gute Erfahrung - Turbulenzen traten, wenn überhaupt, nur dort auf, wo wir sie vermutet hatten: über Indien während der Regenzeit und beim Passieren des Äquators und der ITC (Innertropische Konvergenzzone). Wenn man mit Kindern reist, sollte man in diesen Regionen sicherstellen, mit den Kleinen zeitig die Toilette besucht zu haben, denn sobald das Anschnallzeichen leuchtet, verweigert das Bordpersonal die Nutzung!

Wir sind heil und glücklich zurückgekehrt, mit Erlebnissen und Eindrücken im Herzen, die die Kinder und wir niemals vergessen werden. Dazu gehört vor allem die Erkenntnis, wie privilegiert wir sind, und wie komfortabel es sich in Deutschland leben lässt. Obwohl wir alles haben, fehlt es doch an einfachen, glücklichen Momenten, die oft in der Hektik des Alltags verloren gehen. Einer dieser Momente war für uns die Eröffnung der vermutlich ersten Eisbude auf Tongatapu, Hauptinsel und Königssitz des aus 176 Inseln bestehenden Tonga-Archipels: Bei unserer Ankunft fiel uns eine im Bau befindliche Bretterbude gleich neben der Markthalle auf. Allerdings konnten wir uns nicht erklären, was daraus einmal werden sollte. Als wir eine Woche später von einer anderen Insel wieder nach Tongatapu zurückkehrten, strahlte uns eine weiße Holzhütte mit bunt aufgemalten Bällen entgegen. Die vermutlich erste Eisbude in Tonga. Alt und Jung strömte neugierig herbei und stand geduldig Schlange. Natürlich reihten auch wir uns in das Spektakel ein. Zu gern hätte ich gesehen, wie der König aus dem gegenüber-liegenden Palast kommt, über die Straße schreitet und sich ein Schoko-Vanille-Softeis kauft!

In allen Ländern, die wir bereist haben, erlebten wir die Menschen entspannter und genügsamer als in den meisten Teilen Europas. Wieder zu Hause bemerken wir zwischen den allseits vorhandenen notorischen Meckereien über Nichtigkeiten auch zunehmend mehr Herzlichkeit. Letztendlich verändert die Reise-erfahrung doch auch die eigene Wahrnehmung! So viele Freunde und Bekannte haben unseren Reiseblog gelesen und mit den Worten „Das würde ich auch gerne mal machen" begleitet. „Tu es doch einfach", dachte ich, oder „Fang zumindest an, darüber nachzudenken, so kommt dann schon eines zum anderen – es ist so einfach!". Wenn uns vor einem Jahr jemand gefragt hätte, ob wir mit den Kindern eine Weltreise machen würden, hätten wir das Thema vermutlich mit vielen Argumenten sofort ad acta gelegt. Aber irgendwann fing alles an…

Vor dem Abflug

Wie bei einer Schwangerschaft warten wir mit gemischten Gefühlen auf den Tag der Abreise und fragen uns, wie es wohl sein wird, sechs Monate mit Sack und Pack umher zu tingeln?

Das Schicksal stellt uns auf eine harte Probe: drei Flugzeugunglücke in einer Woche, drei Wochen vor dem Abflug. Noch zwei Wochen vor dem Abflug herrscht bei Jan gespannte Aufregung ohne Schlafstörungen. Allerdings bin ich nicht sicher, ob die eine oder andere Schlafstörung meinerseits verschlafen wird. Ich bin vollkommen befreit vom beruflichen Stress und nachts in einer Art Winterschlaf. Besonders schön sind diese letzten Wochen, weil wir Freunde treffen, die sich wirklich für uns freuen. Außerdem gibt es eine tolle Abschiedsparty mit den Nachbarn. Eine Woche vor dem Abflug sind fast alle Zahnarzttermine erledigt. Diverse Füllungen bei Mika, Top-Zahnreinigungen bei mir und sehr anspruchsvolle Dentaltechnik bei Jan. Wahrscheinlich hätten wir uns noch sehr lange um diese Aktivitäten gedrückt, wenn da nicht die Angst vor barbarischen Zahnklempnern unterwegs gewesen wäre. Allerdings frisst die zu begleichende Rechnung unseren letzten Notgroschen und so können wir nur hoffen, dass die Krankenversicherungen keine Probleme machen und wir zumindest einen Teil des Geldes in den nächsten Wochen zurückerstattet bekommen.

Dubai & Thailand

Los!

Dubai, 12.-14. August

Wir sind gewohnt uns mit 80 km/h Reise-geschwindigkeit einem Ziel zu nähern, nun werden wir in sieben Stunden 5500 km weit durch die Luft katapultiert. Über die Türkei, Bagdad, Basra und den Iran geht es bis nach Dubai. Es stellt sich ein trauriges Gefühl ein, als wir über so viel Leid hinweg fliegen.

In Dubai erwartet uns ein wahrer Kulturmix nach dem Motto „East meets West". Nur schade, dass wir außerhalb der Saison und bei 45 Grad in der Wüstenstadt ankommen. Die Gegensätze der Stadt, die wir nach einer Schlafpause im gut klimatisierten Hotel besuchen, faszinieren uns. Die Frauen schwarz verhüllt, deren Männer lässig in Nike gekleidet - wenn man genauer hinsieht, erkennt man viel Rüschen und Spitze unter der eigentlich so einheitlich wirkenden Kleidung der Frauen. Die Menschen sind sehr aufgeschlossen und freundlich. Besonders Mika ist heiß begehrt, ein arabischer Polizist, den wir mehrfach in der U-

Bahn-Station treffen, schließt mit ihm sofort Freundschaft. Am ersten Tag fahren wir mit der blitzblanken S-Bahn am Burj al Kalifa vorbei zur Dubai Marina, einem modernen, neuen Stadtviertel mit schön beleuchteten Hochhäusern am Abend, illuminierten Wasserspielen und schicker Hafen-promenade.

Bei unserer Rückkehr geht dann die viel gerühmte neue S-Bahn kaputt, ein Totalausfall, so dass hunderte Menschen zu ebenfalls nicht bedienten Bushaltestellen drängen. Wir arbeiten uns durch die Menge und laufen durch die Stadt, bis wir nach einer Stunde endlich ein Taxi ergattern können. Videos vom Ausfall der Verkehrsbetriebe werden von der arabischen Polizei schwer geahndet, Fotoaufnahmen von Menschenmassen, die sich aus der Bahn drängen, werden konfisziert und kurzerhand gelöscht. Dubai ist sehr auf sein Image bedacht!

Am nächsten Tag ist die Metro wieder im Betrieb und nichts ist mehr zu spüren vom Chaos des Vortags. Bei fast 50 Grad Celsius laufen wir zur Metro Station. „Warum nehmt ihr nicht ein Taxi bis zum Museum?" fragt uns ein Hotel-angestellter verständnislos. Doch in der Metro ist es viel interessanter. An manchen Türen dürfen nur Frauen und Kinder einsteigen und man kann in der Bahn einen diskreten Blick auf uns ganz unbekannte Kulturen werfen. Im Museum zeigt sich der ganze Stolz Dubais und wie rasant sich die Region entwickelt hat. Mika ist besonders beeindruckt von den Perlenfischern. Heute schaffen wir es noch bis zum Goldmarkt der Altstadt, aber es ist richtig heiß und bei so wenig Touristen werden wir schnell Opfer eines jeden Händlers. Mika wird mehrfach mit Araber-Tüchern geschmückt und unsere Verhandlungen zum Kauf einer schönen Goldkette enden bei 1095 Euro. Das wäre durchaus eine gute Geldanlage angesichts der aktuellen Zins-entwicklung. Aber keiner von uns hat Lust mit so viel Wert durch Südamerika zu reisen. Der schönste Blick in Dubai ist der auf den sogenannten Creek, die Wasserader der Altstadt, und die beste Abkühlung finden wir am letzten Abend auf dem Dach des Hotels. Das Wasser des Pools ist mit ca. 35 Grad immer noch kühler als die Luft!

3 Nights in Bangkok

Bangkok, 14.-17. August

Es rumpelt gewaltig, als wir am nächsten Tag über Indien fliegen – Regenzeit! Endlich angekommen geht es per Taxi ins Gästehaus, welches unter zwei Autobahnen gelegen einen abenteuerlichen Geräuschpegel aufweist. Nirgendwo in Bangkok ist es leiser und die Gerüche, eine Mischung aus

Smog, Abwasser und Garküche, sind überwältigend. Das wunder-schöne Gästehaus Baan Pra Nond, in dem wir uns für drei Tage einmieten, ist trotz allem eine Oase der Ruhe. Neugierig wagen wir die ersten Schritte auf die Straße und stellen fest, das Thailand in vielen Bereichen ein Entwicklungs-land ist. Gerade wenn man sich nicht nur auf den üblichen Touristenpfaden bewegt, sind die Erfahrungen teilweise beunruhigend. Schock-ierende Armut und grenzenloser Reichtum reichen sich die Hand.

Eigentlich wollen wir den ersten Tag ruhig angehen, dann kommt es doch anders. Kaum gehen wir aus dem Hotel heraus, werden wir von einem netten „Bankangestellten" angesprochen, der uns in ein TUK-TUK verfrachtet und dann zu einer exklusiven Longtail-Bootsfahrt überredet. Das wird teuer, nur merken wir es zu diesem Zeitpunkt noch nicht. Wir tappen prompt in eine klassische Touristenfalle, die uns aber trotzdem eine wunderbare Gelegenheit bietet, Bangkok vom Fluss aus zu entdecken. Wir werden über eine Stunde durch unbekannte Gewässer geschippert. Dabei geht es nicht nur an schönen Tempeln, sondern auch an schockierenden Slums vorbei. Zum ersten Mal realisieren die Kinder, wie viel schlechter es anderen Menschen in der Welt geht. Mehrfach tauchen Leguane aus dem braunen Wasser vor uns auf, auch damit haben wir nicht gerechnet. Das Wasser in Bangkok ist extrem dreckig, denn der Müll landet direkt im Fluss. Hier ist so viel Armut, dass wir uns schämen, als reiche Ausländer das Land leer zu kaufen. Andererseits leben viele Thais vom Tourismus und die Auswirkungen der aktuellen politischen Auseinandersetzungen schwächen das Land. Wir werden dann schließlich am Königspalast abgesetzt, ein über 200.000 Quadratmeter großes Tempelareal, auf dem sich auch der Regierungssitz befindet. Mika wird im Vorbeigehen von einem buddhistischen Mönch gesegnet, um uns Frauen machen die Mönche allerdings einen großen Bogen.

Der Königspalast und die Tempel in Bangkok sind sehr beeindruckend und mehr als nur einen Besuch wert. Gegen Abend leert sich die Anlage und wir haben den Tempel des übergroßen, liegenden Buddhas fast für uns allein. Zurück fahren wir mit den traditionellen Taxibooten, die natürlich gestopft voll sind. Aber es ist spannend, das bunte Treiben zu beobachten. Zwei buddhistische Jungs kommen gerade aus der Klosterschule und schauen gedanken-versunken auf das Wasser.

Die Experimentierfreude nimmt langsam zu und so besuchen wir eine so genannte Garküche, wohl wissend, dass das Infektionsrisiko für Magen-Darm-Erkrankungen hoch ist. Mitten unter Thais, die hier ihr Abendessen einnehmen, speist es sich gut. Wir versuchen gebratenen Reis, Fisch und Huhn und hoffen, dass wir alles vertragen. Servietten bestehen aus einer Rolle Klopapier in einer pinkfarbenen Plastikhülle. Der Abfall wird einfach vom Tisch direkt in einen Eimer gewischt, und Uri Geller hat hier offensichtlich schon seinen Spaß mit den Gabeln gehabt!

Am nächsten Tag probieren wir es mit dem öffentlichen Nahverkehr, der uns in den Norden von Bangkok zum berühmt-berüchtigten Chatuchak Weekend Market bringen soll. Hier verfallen Touristen und Einheimische einem regelrechten Kaufrausch! Eigentlich nur kurz ein bisschen shoppen ist die Devise, aber es gibt so viel zu sehen (und zu kaufen) und so sind auch wir sofort infiziert. Tolles asiatisches Porzellan, Souvenirs aller Art, gegrillte Heuschrecken, allerlei Getier und natürlich perfekt imitierte Markenklamotten. Mika sagt vor allem der Tintenfisch am Spieß zu, der nur warm wirklich lecker schmeckt. Gegen Abend sind unsere Taschen voll mit kleinen Souvenirs, die wir, den Anweisungen unseres Reiseführers folgend, direkt auf dem Markt verpacken und per Schiff nach Deutschland schicken möchten. Leider übersteigen die Frachtkosten den Wert unserer Sachen um das Zehnfache. Also fragen wir uns durch, bis ein netter Mann uns zum offiziellen Postschalter geleitet. Per Schiff geht es dann also doch und wir freuen uns schon auf ein Päckchen, wenn wir in sechs Monaten zurück sind.

Am vorerst letzten Tag in Bangkok geht es nach Ayutthaya, der alten Hauptstadt Thailands. Hier sind die Überreste uralter Tempelanlagen zu sehen. 417 Jahre lang war Ayutthaya Königsstadt des siamesischen Reiches, bis sie 1767 von birmanischen Truppen zerstört wurde. Da der Ort ungefähr eine Stunde von Bangkok entfernt liegt, mieten wir unser eigenes Taxi, damit wir eine Tempelanlage nach der anderen bequem abklappern können. Es ist Sonntag, viele Thais bringen dem Buddha Opfergaben oder bekleben ihn mit kleinen Blattgoldtäfelchen. Wir sind mittendrin und für Einheimische eher eine exotische Erscheinung. Unsere Kinder bekommen einen prägenden Eindruck vom Buddhismus (auch wir kleben Blattgold, rutschen dem Buddha auf Knien entgegen – er darf die Füße nicht sehen – und zünden Räucherkerzen an). Mika gefällt besonders die Vorstellung, als Tier wiedergeboren zu werden. Unser rosarotes Taxi samt Fahrer scheint, ausgestattet mit Blumenketten, Fotos von den Lieben, Buddha-Aufklebern, Kettchen, usw., ebenfalls auf den Schutz der Gottheiten zu zählen. Nach einem weiteren Markt-Besuch, bei dem wir mal wieder so allerhand probieren, was sich später rächen wird, bringt er uns sicher zum Nachtzug von

Bangkok nach Koh Tao. Die Trauminsel im Golf von Thailand ist unsere nächste Station.

Zurück in die 70er – Nachtzug nach Nirgendwo

Golf von Thailand, 17.-18. August

Punkt 18 Uhr erheben sich alle Reisenden im Hauptbahnhof von Bangkok und schmettern lauthals die Nationalhymne, die aus diversen Lautsprechern erschallt. Wir warten auf den Nachtzug, der uns 500 km in den Süden bis nach Chumphon bringen soll. Schon im Bahnhof fühlen wir uns 30 Jahren zurückversetzt: die Anzahl der Züge ist überschaubar, der Zug wartet bereits eine Stunde vor Abfahrt auf dem Gleis und wir werden etwa zehn Stunden unterwegs sein. Unsere Fahrkarte in der klimatisierten zweiten Klasse kostet umgerechnet nur 15 Euro. Dafür bekommen wir einen Liegewagenplatz, der sehr den früheren D-Zug-Liegewagen in Deutschland ähnelt. Zwei Stunden nach Abfahrt wird die Liege heruntergeklappt und unser Schaffner bereitet uns ein anständiges Nachtlager. Ständig wird Essen angeboten und auch sonst ist der Service bemerkenswert. Bei der Fahrkartenkontrolle wird es dann richtig ernst: Vier Uniformierte wollen erst unsere Fahrkarten sehen (Militär, Schaffner, Polizei, Hilfspolizei), dann protokollieren sie akribisch unser Fahrtziel in einer handgeschriebenen Liste. Genutzt hat uns das wenig, denn durch ein Missverständnis vergisst der Schaffner uns zu wecken und wir finden uns am Morgen an einem Bahnhof wieder, der 70 km südlich von unserem Ziel liegt. Wir fahren etwas beunruhigt in den Sonnenaufgang hinein und sehen zum ersten Mal, wie schön Thailands Natur ist. Die Palmen und das satte Grün der Felder sind eine Wohltat nach dem städtischen Wirrwarr in Bangkok. Wir sollten den Zug verlassen, aber der Schaffner will uns nicht aussteigen lassen, nachdem er seinen Fehler bemerkt hat: „Kein Tourist steigt hier normalerweise aus", sind seine Worte, während er uns kopfschüttelnd aus dem Zug klettern sieht. Viele Menschen an der Haltestelle beäugen uns interessiert, jedoch spricht keiner von ihnen Englisch und wir wissen zum ersten Mal wirklich nicht, wie wir uns aus dieser misslichen Lage befreien sollen. Da schickt uns der Himmel einen Piloten von Air Asia auf Heimaturlaub, er eilt sofort zum Schalter und kauft uns Rück-fahrkarten für den Bummelzug nach Chumphon. Es wird ein einmaliges Erlebnis, die Sonne geht gerade auf, die Fenster sind heruntergeschoben und wir passieren Bahnhöfe, die nur aus einer Bambushütte bestehen. Hier und da steigt ein Schulkind aus oder eine Marktfrau ein (die ortsüblichen Wangenkniffe für Mika inklusive). So sind Jan und ich als Kinder im Deutschland der 70er Jahre Zug gefahren, für Nele und Mika eine ganz neue Erfahrung.

Entspannung auf Koh Tao

Koh Tao, 18.-26. August

In Chumphon angekommen bleiben uns nun viele zusätzliche Stunden, bis der nächste Bus uns zum Hafen bringt und ein Boot weiter nach Koh Tao fährt. Chumphon ist keine schöne Stadt, aber heute wird eine große Parade zu Ehren der Königsfamilie abgehalten. Wunderschöne Frauen in traditioneller Kleidung und viele Musik-kapellen ziehen an uns vorüber. Am Abend bringt das Schnellboot uns dann sicher und problemlos nach Koh Tao, wo wir acht Tage verbringen und im Montalay Resort erst einmal entspannen möchten. Auch wenn wir die anderen Inseln noch nicht gesehen haben, ist Koh Tao für uns die Trauminsel schlechthin. Die herrliche Unterwasserwelt lässt unsere Biologenherzen höher schlagen. Wir haben bereits von Deutschland aus einen kleinen Bungalow gemietet, gelegen in einer der ruhigen Buchten an der Ostseite der Insel. Korallen reichen bis ans Ufer. Wir sehen schon beim ersten Eintauchen die unglaublich farbenfrohen Fische. Nele und ich belegen gleich am zweiten Tag einen

Schnuppertauchkurs und nach einer kurzen Einführung geht es mit dem Tauchlehrer zu einer einstündigen Exkursion bis zehn Meter tief hinab. Nele nutzt die Chance und macht in vier Tagen auch gleich den Tauchschein – damit ist ihr Sportlehrplan vom ersten Halbjahr der neunten Klasse für uns erfüllt! Wir sehen Barracudas, Stachelrochen, Anemonenfische und sogar „Black Tip"-Haie, die den Meeresboden entlang schwimmen. Später erfahren wir von anderen Gästen, dass Koh Tao einer der besten Orte weltweit ist, um Tauchen zu lernen. Die kleinen Riff-Haie sind harmlos, sie haben mehr Angst vor uns, als wir vor ihnen. Mika entdeckt die Tiere beim Schnorcheln zuerst: „Schau mal, Papa, der Fisch sieht aus wie ein Hai". Kurze Zeit später ist der ganze Strand auf den Beinen, auf der Suche nach weiteren Exemplaren. Wir werden immer gelassener, obwohl es in diesen Gewässern in Strandnähe sehr wohl ein paar unangenehme Kreaturen gibt, Seeschlangen z.B., oder Stachel-rochen (einen davon entdecke ich beim Schnorcheln zum Glück gerade noch rechtzeitig).

Leider geht es Jan von Tag zu Tag schlechter. Die Sorglosigkeit beim Essen in Bangkok scheint sich zu rächen. Das freundliche Personal unseres Resorts päppelt ihn in wenigen Tagen mit einer anständigen Portion „White Rabbit" (thai-ländisches Mittel bei Darminfekten) wieder auf.

So verbringen wir die vermutlich geruhsamsten Tage unserer Reise auf der Insel, aufmerksam umsorgt und mit Vollverpflegung. Thailands Insel-Tourismus ist beeindruckend perfekt organisiert und auf Gäste aus aller Welt eingestellt. Aber wir erfahren auch, wie viele Opfer die Mitarbeiter der Herbergsbetriebe erbringen müssen. Die meisten sind Saisonarbeiter, die ihre Familien und eigenen Kinder oft monatelang nicht sehen. Trotzdem ist ihre Großherzigkeit überwältigend. Als wir Kiat, der uns die ganze Zeit umsorgt hat, ein extra Trinkgeld zustecken möchten, antwortet er mit den Worten: „Wir sind Freunde! Ihr braucht euer Geld noch für die Weiterreise."

Spinnen-Allerlei

Khanom, Golf von Thailund, 26.-29. August

Das Verwöhn-Programm setzt sich nach 8 Tagen auf Koh Tao an der Festlandküste vor Koh Samui fort. Spontan finden wir ein wunderbares Thai-Haus, gelegen in einer gepflegten Gartenanlage, leckeres Essen, Ruhe am Strand – dort treffen wir zum ersten Mal erbarmungslos auf die Überlegenheit der Natur. Während wir uns noch mit professionellem Insektenschutz beschäftigen – 15% DEET, 55% DEET, 95% DEET und was für einen 5-jährigen über welchen Zeitraum zumutbar ist – überrascht uns eine handteller-große Spezies der Gattung Arachnida (Spinnentiere) bei der Heimkehr. Nele betritt als erste den Raum und bricht in hysterisches Kreischen aus, was uns durchaus verständlich scheint. Das im Zimmer deponierte Insektenspray hilft zwar gegen Kakerlaken, Moskitos, Bettwanzen und Ameisen, Spinnen aber werden in Thailand nicht als Schädlinge betrachtet. Erschwerend kommt hinzu, dass sich das Individuum in drei Metern Höhe an der Decke befindet und wir erst einmal alle möglichen Optionen durchdenken müssen. Der Einsatz des Sprays erscheint uns zu risikoreich, schließlich ist es nicht für Tiere dieser Größe konzipiert. Mika verweigert verständlicherweise die Nachtruhe mit Spinne und wir wenden uns hoffnungsvoll an das Personal. Dieses zeigt gespieltes Verständnis und zwei Mann erlegen das Monster mit Hilfe eines überlangen Mops (der bestimmt immer genau zu diesem Zweck eingesetzt wird) und einer Taschenlampe, wegen der Fluchtgefahr. Ich habe ein bisschen ein schlechtes Gewissen, denn schließlich wird man hier ja davon ausgehen können, als Spinne wiedergeboren zu werden. Als wir noch ein zweites, kleineres Exemplar finden, wird trotzdem nicht lange gefackelt.

Mittwoch ist Markttag und wir dürfen mit der Chefin der Unterkunft für das Frühstück einkaufen und dieses gleich vor Ort verzehren. Der Markt ist beeindruckend: Fisch, Fleisch, Frosch, Gemüse, Obst... alles frisch und direkt vom Boden unter interessanten hygienischen Bedingungen verkauft. Vieles kennen wir nicht, dürfen aber gleich kosten: morgens um sieben ein Tütchen Reis, das ist hier ganz normal. Hier sieht man Fisch und Fleisch noch im Ganzen, bevor er zu leckeren Satay-Spießen mutiert. Es ist wenig verwunderlich, dass wir bei Mika eine zunehmende Zurückhaltung beim Essen feststellen. Davon abgesehen geht es ihm prächtig, er genießt die Zeit mit der Familie und stellt fest, dass diese Weltreise so viel Abenteuer ist, dass er seine Freunde manchmal vergisst.

Regenzeit! Zum ersten Mal regnet es auch richtig, und wir igeln uns in unserem Thaihäuschen mit Meerblick ein. Das Nichtstun geht plötzlich ganz gut, obwohl Jan und ich schon wieder an einen Strandspaziergang im Regen denken. Wir müssen uns erst einmal daran gewöhnen, viel Zeit zu haben und einfach in den Tag hineinzuleben.

In der Nähe von Khanom soll es seltene rosa Delfine geben, also schließen wir uns zwei netten Familien aus Stuttgart an, um den Tieren einen Besuch abzustatten. Ein alter Pick-Up-Geländewagen bringt uns an den Hafen. Da nicht alle darin Platz haben, müssen die Männer die 30-minütige Fahrt auf der schon etwas angerosteten

Laderampe stehend zurücklegen. Zum ersten Mal habe ich richtig Angst um Jan. Das Steh-Trio wird andererseits äußerst wohlwollend von den Thais begrüßt. Es ist wohl eher ungewöhnlich, westliche Touristen als Trittbrettfahrer anzutreffen. Endlich auf dem Wasser finden wir eine Gruppe gewöhnlicher Delfine, deren Geräusch beim Ausblasen der Atemluft bereits jetzt zu den akustischen Highlights dieser Reise gehört – dann erahnen wir auch, warum die rosa Delfine nur als Einzelgänger unterwegs sein können: Wenn Delfine auch nur einen Funken Sinn für Ästhetik besitzen, würden sie diese rosa Exemplare als weniger interessante Artgenossen ansehen. Die Tiere sind Albinos und wirklich nicht gerade attraktiv. Unser einsamer Delfin kommt sehr nahe an die heraneilenden Boote und lässt sich mit Fischen füttern (nicht von uns, aber vom Nachbarboot). Er ist sehr vernarbt und vermutlich schon ein Rentner, der sich das morgendliche Frühstück gerne gefallen lässt. Die Küste in dieser Gegend ist beeindruckend schön und im Gegensatz zu den Inseln kaum touristisch erschlossen. Vom Boot aus schauen wir auf unberührte Strände und satte Natur.

Zwei Tage später geht es weiter in den Khao Sok Nationalpark. Hier erwarten uns endlich richtiger Dschungel und viele Tiere in freier Wildbahn. Auf dem Weg ist ein Zwischenstopp in der First

Monkey School eingeplant. Wir sind die einzigen Besucher, als unser Taxi vor einem verschlossenen Tor vorfährt. „Guten Morgen" ist die überraschende Begrüßung eines Holländers, der hier zusammen mit einer Thailänderin eine Schule für Affen betreibt. Das Ganze funktioniert so: Die Affen gehören Bauern, die sie als Kokosnusserntehelfer einsetzen, denn Affen ernten die Nüsse viel schneller als Menschen (200 Nüsse am Tag ist das Soll eines Affen). Zudem ist es für Menschen sehr gefährlich, die Kokosnüsse selbst von den Bäumen zu holen. Die „Internatsschüler" werden in dieser Schule ausgebildet und nach sechs bis acht Monaten von ihren Besitzern wieder abgeholt. Nur 8000 Baht, umgerechnet keine 200 Euro, kostet diese lohnenswerte Investition. Wir dürfen der Ausbildung zwei Schulstunden lang beiwohnen und werden dabei sogar selbst als Trainer eingesetzt! Es ist ein bewegendes Erlebnis zu sehen, wie lernfähig Affen sind. Wir verknoten Seile um unsere Beine, werden von Affen wieder befreit, füttern Erdbeermilch im Kokosnuss-schälchen (wobei Mika eindeutig als Konkurrent betrachtet wird) und fahren sogar Motorrad und Fahrrad mit Affen-Sozius. Der krönende Abschluss des Programms ist das Ernten einer Kokosnuss von einer ca. 20m hohen Kokosnusspalme.

Affentheater

Khao Sok Nationalpark, 29.-31.August

Im Khao Sok NP angekommen schleichen wir durch den Dschungel, immer auf der Hut nach einer Affenhorde, die sich über uns durch die Bäume schwingt. Die ersten Begegnungen sind aber keine Affen, sondern Würmer mit Hammerkopf, wunderschöne Schmetterlinge, Eidechsen, viele Fledermäuse und sehr, sehr große Käfer. Wir haben ein offenes, kleines Holzhaus auf Stelzen mitten im Dschungel gemietet und vermuten erst einmal die gewohnte Spinne. Allerdings dämmert es bei unserer Ankunft bereits und so verkriechen wir uns unter den Moskitonetzen. Um sieben Uhr zu Bett gehen ist hier normal, denn es ist dann schon stockdunkel. Außerdem flößt uns die akustische Urwaldkulisse großen Respekt ein.

Ausgeschlafen und in moskitosichere Outdoor-Kleidung verpackt erkunden wir am nächsten Morgen das Terrain auf eigene Faust. Als wir auf dem Rückweg über einen größeren, uns wesentlich sympathischeren Weg schlendern, sitzen plötzlich zwei Affen direkt vor uns. Und es werden schnell immer mehr, sie kommen aus allen Winkeln näher, sogleich wird die ganze Sippe vorgestellt und man posiert regelrecht vor uns. Man fragt sich, wer hier wen besichtigt! Im

Anschluss geht es weiter zu einer heißen Quelle, ein Hot-Pot der Thailänder, denen selbst 35 Grad zum Entspannen nicht ausreichen. Hier badet man bei 40 Grad in Kleidern und duscht kühl zwischendurch.

Die Geräuschkulisse in der darauffolgenden Nacht ist wieder überwältigend, wir können erst in der dritten Nacht durchschlafen. In regelmäßigen Abständen überraschen uns Zikaden, die eine Lautstärke erzeugen, welche der von Flugzeugturbinen gleichkommt. Die Dusche unseres kleinen Dschungelhauses steht quasi im Freien, überall quakt, fiept und schreit es. Man spürt deutlich, hier wird Biomasse umgesetzt! Der Bambus um uns herum wächst in nur drei Wochen 15 m in die Höhe! Jan denkt an Homo Faber und die Vergänglichkeit von Mensch und Tier. Schon mutiger geworden, wollen wir noch tiefer in den Dschungel vordringen. Ein Boot bringt uns in einer Stunde über den nahegelegenen Stausee, der 1982 künstlich geflutet wurde. So ist ein riesengroßes Areal entstanden, das von dichtem, tropischem Regenwald umgeben ist. Zusammen mit sechs weiteren Touristen geht es mit dem Longtail-Boot vorbei an beeindruckenden Karstformationen. Das Wasser ist einladend grün und als wir am Ziel, einem schwimmenden Hüttendorf, ankommen, springen wir auch gleich hinein ins kühle Nass. Bei diesen Temperaturen legt man relativ schnell die

Angst vor gefährlichen Wassertieren ab. Überhaupt ist der Regenwald wesentlich weniger spektakulär als wir dachten: Es lauert nicht hinter jedem Baum eine Schlange, Spinne oder sogar ein Egel, der sich in Sekundenschnelle die menschlichen Beine als begehrtes Beuteobjekt aussucht. Wahrscheinlich bemerken wir die Tiere auch nicht, da wir zu sehr damit beschäftigt sind, uns den Weg durch matschiges Gelände zu bahnen und acht Flüsse zu durchwaten. Die Tour führt drei Stunden zu Fuß mitten durch die Wildnis bis zu einer Höhle, die man bis zum Hals im Wasser durchschwimmen kann (wer mag, Mika und ich mögen nicht). Wir sitzen stattdessen die ganze Zeit einen Meter unter einer roten Baumschlange, ohne es zu bemerken!

Elefantenwäsche

Elephant Hills Camp, Khao Sok, 1.-2. September und Bangkok, 3.-5. September

Einer der Gründe, warum wir einige Zeit in Khao Sok verbringen möchten, ist die so genannte „Elephant Experience" - dabei werden Vierbeiner von Zweibeinern verwöhnt, sozusagen ein Elefanten SPA der besonderen Art: Zuerst werden die uns zugeteilten Elefantendamen freundlich begrüßt und gestreichelt. Wenn man beim Streicheln des Rüssels feststellt, dass Elefanten doch ein Haarkleid haben (die Beschaffenheit der

Haare gleicht der einer Wurzelbürste) und dem Dickhäuter aus 30 cm Entfernung tief in die mit langen Wimpern bedeckten Augen schaut, entfällt jede Zurückhaltung schlagartig. Wir sind fasziniert von diesen Tieren! Nach dem Erstkontakt mit Elefant und Mahout (der Pfleger und Besitzer des Tieres, der bis auf 14 Tage im Jahr seine Zeit ausschließlich mit den Elefanten verbringt), wird im „Pool", einem großen Wasserloch, gebadet. Die Elefantendame ist sichtlich angetan von der braunen Brühe und verschwindet fast vollständig unter der Wasseroberfläche, bevor sie sich genüsslich an den Lehmrändern des Sees abzuschrubben beginnt. Dann geht es endlich los: Die Elefanten werden von uns mit dem Wasserschlauch abgeduscht und das Verwöhn-Programm nimmt seinen Lauf. Wir bearbeiten die Dickhäuter an allen erdenklichen Stellen (und ja, dafür legen sie sich bereitwillig nieder und wir passen höllisch auf unsere Füße auf). Die Krönung des Tages ist ein vitaminhaltiger Snack aus 5 Kilo Rohrzucker, Ananas und Gras, der von uns vorher vorbereitet, d.h. in mundgerechte Stücke zerteilt wird. So verbringen wir unseren Nachmittag mit Tierpflege und sind dabei vollkommen beseelt. Die Mahouts helfen uns, damit es keine Missverständnisse gibt. Tatsächlich ist dieses Camp ein Auffanglager für Elefanten und ihre Besitzer, denn seit den 90er Jahren dürfen in

Thailand keine Urwälder mehr abgeholzt werden und eben dies war die eigentliche Arbeit der Elefanten. Wir haben uns gegen das Reiten und für das Pflegen entschieden und sind sehr glücklich darüber! Während der anschließenden Übernachtung im Elephant Hills Zeltlager fühlen wir uns wie in „Jenseits von Afrika". Am Morgen führt uns ein Guide noch tiefer in den Dschungel, wir hören zum ersten Mal Gibbons schreien, entfernen mit Bambusstöcken unerwünschte Spinnennetze und hangeln uns über schlecht passierbare Bäche. Nele und Mika sind kein bisschen zimperlich, sie lassen sich das selbst gekochte Essen vom offenen Feuer schmecken. Heuschrecken stehen dabei nicht auf der Speisekarte. Diese zwei Tage reißen ein größeres Loch in unsere Reisekasse, aber der Ausflug und das Zusammensein mit den Elefanten sind nachhaltige Erlebnisse und jeden Cent wert.

Nun wird es Zeit, zurück nach Bangkok zu fahren. Ein Minibus bringt uns nach Sura Thani, in eine ziemlich westliche Shopping Mall, damit wir uns die Zeit bis zur Abfahrt des Nachtzuges einigermaßen gekühlt vertreiben können. Danach geht es mit dem Maxi TUK-TUK und Gepäck auf einer vierspurigen Schnellstraße zum Bahnhof – nichts für schwache Nerven und empfindliche Wirbelsäulen. Wir sind heilfroh, als wir endlich im Zug sitzen! Trotzdem folgen erst jetzt die unangenehmsten zwölf Stunden seit unserer Ankunft in Thailand und das ausgerechnet in der Nacht zu Mikas sechstem Geburtstag! Im Gegensatz zur Hinfahrt haben wir diesmal Liegen in der ersten Klasse mit ein bisschen mehr Privatsphäre. In den ersten fünf Minuten entdecke ich eine große Kakerlake (was in diesen Gefilden normal ist, man will sie aber trotzdem ungern treffen), dann fährt der Zug an und wir glauben nicht, dass dieses Wagenmodell es bis nach Bangkok schafft: Ungefähr alle fünf Minuten, oder bei Beschleunigung, werden wir in mehreren ruckartigen Bewegungen regelrecht von der Liege geschleudert, Stoßdämpfer kaputt! Mika ist in dieser Nacht der einzige, der schläft. Am Morgen sollten wir um 8.35 in Bangkok sein, zwei Stunden später bewegen wir uns im Schneckentempo auf den Bahnhof zu, gegen elf Uhr sind wir dann endlich da. Zusammen mit anderen „geräderten" Mitreisenden schleppen wir uns zum nächstbesten TUK-TUK und glauben, das angekündigte Geburtstagsfrühstück für Mika verpasst zu haben. Im Gästehaus angekommen, zeigt sich schon wieder die unglaubliche Gastfreundschaft Thailands. Unser Gästehaus ist eine farbenfroh dekorierte Oase, wir fühlen uns sofort wie zu Hause, bestellen einen guten Kaffee und Mika bekommt seine Geschenke: eine Zwille, ein Springseil, ein Okular, und, dank der Shopping Mall am Vortag, ein kleines Lego Set. Plötzlich kommen die Angestellten des Hauses und bringen einen kleinen Kuchen mit Kerzen, alle klatschen und wir sind sichtlich gerührt. Wir sind nicht rechtzeitig zum Frühstück erschienen, aber sie haben für uns doch nochmal die Küche geöffnet und einen Kuchen gezaubert.

Mika ist bester Laune, vollends ausgeschlafen und möchte noch ins Aquarium. Mit müden Gliedern schleppen wir uns zum nächsten Taxi und fahren zum Siam Paragon, der wohl luxuriösesten Mall in ganz Thailand. Das Aquarium innerhalb der Mall hat alles, was man sich vorstellen kann: Tigerhaie, Riffhaie, Rochen, viele Fische, die wir aus Koh Tao kennen und eine beeindruckende Sammlung an Seepferdchen, die man stundenlang beobachten könnte.

Kurz vor dem Weiterflug nach Sydney ist Waschtag, wir genießen die Atmosphäre im Gästehaus und schicken ein weiteres Packet mit überflüssigem Ballast sowie einen geschneiderten Anzug für Jan auf die Reise. Thailand ist toll und wir fahren ungern, denn so komfortabel wie hier werden wir es in Zukunft nicht mehr haben. Andererseits hätten wir es auch nicht länger ausgehalten, immer in der Privilegierten-Rolle, umhegt und umworben von Gästehäusern, Taxifahrern, selbsternannten Touristen-Guides. Man wird quasi „durchgeroutet" wie ein Goldstück, das sich noch weiter veredeln lässt. Für

Thailand ist der Tourismus nach dem verheerenden Tsunami 2006 wieder wichtiger denn je geworden. Viele Australier und Europäer schätzen das begehrte Billigreiseland. Zum Vergleich: Die Taxifahrt zum Flughafen (eine Stunde) kostet in Bangkok umgerechnet zehn Euro, in Sydney bezahlen wir für 30 Minuten Flughafentransfer 45 Euro. Diese Unterschiede zeigen sich in allen Konsumbereichen.

Morgen geht es weiter nach Australien, etwas wehmütig aber zunehmend abenteuerlustig, verlassen wir Thailand.

Parade zu Ehren der Königsfamilie in Chumpon

Warten auf das Boot (Bangkok)

Ankunft in Khao Sok

Elefantenwäsche

Australien

Temperatursturz in Sydney

Sydney, 6.-9. September

Es ist kalt und es regnet sturzbachartig, als wir morgens um sieben in Sydney ankommen. Seit dem 1.9. hat hier offiziell der Frühling begonnen, aber die meisten Bäume sind noch kahl. Die Temperaturdifferenz von 20 Grad stecken wir ganz gut weg und auch der 9-stündige Flug ist sehr ruhig. Wir fliegen zum ersten Mal mit Qantas und sind beeindruckt, dass es nur männliches Kabinenpersonal gibt. Angekommen im Familienzimmer der Jugendherberge stellen wir schnell fest, wie sich die Welt um uns verändert hat. Ab jetzt sind wir wieder Selbstversorger, gehen in den Supermarkt einkaufen und versuchen das Preisniveau zu verdauen. Die Jugendherberge liegt direkt im alten Hafengebiet mit einem grandiosen Blick auf die Oper von Sydney. Wir spazieren ein bisschen durch „The Rocks", bestaunen die schönen viktorianischen Häuser und betreten mit dem Queen Victoria Building schon wieder eine Shopping Mall. Allerdings wird schnell klar, dass wir aus Australien kein Paket nach Hause schicken werden.

Das Highlight des ersten Tages sind, auch wenn es im Vergleich mit dem wundervollen Sydney sonderbar klingt, Jans Spaghetti mit Pesto in der Jugendherbergsküche. Nach so viel Verwöhn-Programm tut es gut, wieder selbst zu kochen.

"The Rocks" ist der älteste Stadtteil Sydneys und auch am zweiten Tag noch faszinierend genug, um das Umfeld, den Hafen und die Harbour Bridge weiter zu erkunden. Das „Sunday-Funday Ticket" verspricht freie Fahrt auf allen Fähren für nur 2,50 Dollar und so „cruisen" wir ein bisschen durch den Hafen, bevor wir mit der Fähre nach Manly fahren, ein hübscher Vorort von Sydney, direkt am Meer gelegen und beliebtes Naherholungsgebiet für so genannte Aussies (und Touristen wie uns). Wir haben Glück, denn Peter und Claudia, ehemalige Arbeitskollegen, die jetzt in Sydney leben, haben uns zu sich nach Hause eingeladen. Es gibt leckeren Apfelkuchen und abends Kartoffelbrei, Gemüse und Fleisch. Plötzlich fühlen wir uns wieder wie zu Hause. Es ist wunderbar, so tolle Gesellschaft zu haben und Mika spielt glücklich mit Niklas und Jonas, beide genauso alt wie er. Da wir wieder mit der Fähre zurück müssen, endet der Abend leider viel zu früh. Dafür werden wir aber mit einem tollen Nachtblick auf die Oper belohnt. An dieser treibt Jans Hut am nächsten Tag einsam vorbei und erhascht vielleicht noch einen Blick auf Bob Dylan, der an diesem Abend in der Oper ein Konzert gibt. Eine weitere Kopfbedeckung verlässt uns aufgrund eines unvorhergesehenen Windstoßes. Sämtliche Versuche, vorbeifahrende Schiffe zur Seenotrettung zu bewegen blieben erfolglos. Jan und ich stehen vor einer schwierigen Entscheidung: es gibt noch ein paar Karten in der letzten Reihe für 159 Dollar - sollen wir diese vielleicht letzte Gelegenheit nutzen, den großen Meister zu sehen (wir wissen, wie exzentrisch er ist, und dass er so manches Konzert auch mal nach 45 Minuten beendet)? Nicht nur aufgrund der immer noch vorherrschenden Trauer über den Hut, immerhin der dritte Hutverlust seit Abreise, entscheiden wir uns dagegen. Stattdessen sehen wir uns die Kunstwerke der Aborigines im Museum an und am Abend genießen wir den grandiosen Blick von der Dachterrasse der Jugendherberge auf die Oper. Ein guter Entschluss, denn wir werden in den nächsten drei Wochen noch ein paar Aussie-Dollar brauchen.

Don is Don, Don is good

Cairns bis Mossman, 9.-11. September

Nach vier Tagen in Sydney fliegen wir weiter nach Cairns, einer touristisch gut erschlossenen Stadt im Norden von Queensland, der man auch nachsagt, von Deutschen überbevölkert zu sein (wir können dieses Gerücht nicht bestätigen). Die feuchten Tropen haben uns wieder, mit dem Unterschied, dass derzeit Trockenzeit ist und wir uns an angenehmen Wintertemperaturen (25 Grad) und strahlendem Sonnenschein erfreuen dürfen. Darauf sind die Queensländer stolz, denn so steht es auf jedem Nummernschild: Queensland – The Sunshine State. Direkt nach dem Flug holen wir unser Zuhause für die nächsten drei Wochen ab: Jucy, ein Traum in froschgrün mit aufgedruckter Blondine auf der Kühlerhaube! Ich finde, hier hat der Marketingexperte ein Trauma auskuriert. Am Anfang fragen wir uns noch, wie wir unser Gepäck und uns am besten stapeln. Beim Jucy Condo handelt es sich um einen so genannten „Budget Camper", der bis zu vier Personen beherbergen kann. Auf geht es mit Automatikgetriebe in den Linksverkehr. Ich bin erleichtert, dass Jan die Jungfernfahrt übernimmt. Zum Glück konnten wir uns in Thailand beim Taxi fahren mit der verkehrten Welt vertraut machen. In Australien ist ja sowieso alles anders herum.

Wir fahren Richtung Norden, bis wir den ersten schönen Campingplatz an einem der phantastischen Strände Queenslands finden, Ellis Beach. Obwohl wir die nächsten 2600 km mit einer Durchschnittsgeschwindigkeit von 50 km/h Richtung Süden (Ziel: Sydney) fahren sollten, entschließen wir uns zu einem weiteren Abstecher von 250 km Richtung Norden, bis zum Daintree Nationalpark. Über den Captain Cook Highway geht es hinauf zum Kap Tribulation (danach wird die Straße zur Schotterpiste und *Jucy* geht ins Altenheim). Cook ist der offizielle Entdecker von Australien, aber natürlich waren die Aboriginals und ein gutes Dutzend Walfänger schon vor ihm da. Cairns lassen wir schnell links liegen, denn die Ausflüge ins Great Barrier Reef sind für uns vier einfach zu teuer. Wir entscheiden uns stattdessen zu einem späteren Zeitpunkt für die Whitsunday Islands, denn auch diese sind nur kostspielig per Boot erreichbar. An meinem Geburtstag lassen wir uns früh auf dem Pinnacle Campingplatz kurz hinter Mossmann nieder. In Mossmann wird Zuckerrohr angebaut, ein eher beschaulicher Ort, kurz vor der Grenze zum Nationalpark. Der Campingplatz ist herrlich leer und der Platzwart, nennen wir ihn "Don", sehr authentisch. Auf meine Frage, ob man hier im Meer gut schwimmen kann, antwortet er in breitem Aussie Dialekt: "Our beach is not the best for swimming, crocodiles are crossing frequently, there may be sharks as well – therefore we have a pool!" Wir brechen verlegen in hysterisches Gelächter aus. Don ist gut und schenkt uns free WiFi. Der erste Strandspaziergang führt uns weit hinter die Wasserlinie...

Dons Paradies ist vielmehr ein Vogelparadies – hier finden wir das Gefiepe und Geschnatter, welches wir seit Khao Sok vermisst haben. Das Vogelkonzert am Monga Beach ist gewaltig, rekordverdächtig und uneingeschränkter Star ist dabei der „lachende Hans", dessen Stimme der Geräuschkulisse einer Horde Menschenaffen ähnelt und die sich erbarmungslos in unsere Gehörwindungen bohrt. Endlich verstehen wir, das mit dem „Kookaburry", der im „old gum tree" sitzt, nicht der Kakadu, sondern der lachende Hans gemeint ist... merry, merry king of the bush is he! Ohne einen Schritt in den Daintree NP gelaufen zu sein, sehen wir bereits jetzt viele interessante Tierarten: Papageien, Pfaue, King Fisher (Eisvogelverwandte) und Thermometer-hühner. Letztere häufen Laubhaufen auf, um ihre Eier darin auszubrüten, mit dem Schnabel wird dann regelmäßig mal nachgemessen, ob die Küken schon „gar" sind. Das ist praktisch, so können doch Vater- und Mutterhuhn die ganze Zeit herumscharren, wie Hühner das nun mal gerne tun. Zum Abschluss noch etwas Erstaunliches: Morgens um sieben trifft Jan auf Australier, die mit ihren Hunden direkt an der Wasserlinie entlangspazieren und ihre Boote zu Wasser lassen. Wir vermuten, dass der Hund als natürliches Schutzschild vor Krokodilangriffen dient!

Suchtrupp im Dschungel

Daintree NP / Atherton Tableland, bis Airlie Beach.
12-17. September

Am darauffolgenden Mittag passieren wir mit der Fähre den Daintree River – *Achtung Krokodile* – die übliche Warnung an jeder Ecke. Wir aber hoffen Kasuare zu sehen. Kasuare sind sehr nahe verwandt mit den Dinosauriern und lebende Fossilien, die man nur selten zu sehen bekommt. Weltweit gibt es nur noch 1200 der straußenähnlichen Vögel. Zahlreiche Schilder weisen uns daraufhin, dass das Überfahren eines solchen eines der schlimmsten Vergehen in Australien sei. Wir klammern uns verzweifelt ans Steuer und acht Augen versuchen gleichzeitig Straße und Unterholz abzusuchen. Die Ausblicke auf das Meer und die Küste sind im Daintree NP einfach atemberaubend. Kilometerweit unverbaute Strände, an die der älteste Regenwald der Welt (dieser Titel scheint mehrfach vergeben zu sein) direkt angrenzt. Unser erster Stopp gilt dem Rainforest Discovery Center. Man kann dort, ausgerüstet mit Audio Guides, viel über den Regenwald erfahren und mit etwas Glück auch Kasuare im Reservat sehen. Leider sehen wir keine, aber Mika saugt die deutschsprachigen Informationen auf und freut sich über die tolle Aussichtsplattform, die bis in das Blätterdach reicht und Einblicke in den Stockwerksbau des tropischen Regenwaldes gibt. 150 verschiedene Baumarten pro Hektar erschaffen eine unglaubliche Artenvielfalt, wie man sie im Regenwald erwartet. Wunderschöne Schmetterlinge sind zu sehen (Ulyssee, das sind die großen blauen, die man bei uns in den 70ern häufig hinter Glas fand). Wir sind ganz froh einige Tiere nicht anzutreffen, wie z. B. die Rotrückenspinne oder den Taipan – sowohl Spinne als auch Schlange führen recht schnell zum Tod. Einige Kilometer weiter führt ein so genannter „Board Walk" gediegen durch den Regenwald und entlang der Mangroven bis zur Küste. Das ist nun die australische Variante des Dschungel–Abenteuers, Hauptsache es geht auch in Flip-Flops! Nele entdeckt bald eine Schlange im Wasser, außerdem sehen wir Wildschweine, die hier eigentlich nicht hergehören. Am Ende des Weges liegt ein Strand, an dem wir auch übernachten wollen. Der Blick vom Strand auf die Regenwaldküste ist einfach paradiesisch und wir können uns zu diesem Zeitpunkt kaum vorstellen, noch etwas Schöneres zu finden.

Am nächsten Tag versuchen Nele und ich es wegen der freilebenden Kasuare noch einmal mit einem Board Walk, während Mika und Jan sich im Discovery Center vergnügen. Unverhofft treffen wir wirklich den seltenen Kasuar in freier

Wildbahn. „Aggressiv" stand auf den Schildern im Discovery Center, also schleichen wir uns an, um zumindest ein Beweisfoto zu ergattern. Kasuare machen es wie die Dinosaurier, sie verteidigen sich, indem sie den Feind mit den Krallen anspringen. Uns erscheinen die Tiere eher harmlos, wir sind aber trotzdem sehr vorsichtig.

Wir verlassen die Küste und ziehen weiter ins Atherton Tableland, vorbei an gigantischen Termitenhügeln und durch eine trockene Hochebene, die schon ein bisschen an Outback erinnert. In Atherton gibt es ein Mineralien-museum der besonderen Art. Hier hat ein leidenschaftlicher Sammler seine Schätze in eine künstliche Höhle eingearbeitet, mitten im Ortszentrum. Es versteht sich von selbst, dass ein derartiges Abenteuer nur ausgerüstet mit Bergmannshelm, Stirnlampe und Anti-Läuse-Inlett (im Helm) begangen wird. Wir sehen ganz schön eigentümlich aus, genießen aber das liebevoll hergerichtete Ambiente und bewundern den angeblich weltweit größten Amethyst. Übrigens: Australien scheint das Land der Superlative zu sein. Beeindruckend sind auch die großen Würgefeigen, die an einen Vorhang erinnern, daher der Name „Curtain Fig Tree". Der Ort und die Bäume sind den Aboriginals heilig und auch wir bewundern die Dominanz dieser Gewächse. Wir sind angekommen in einer

Gegend, in der die Zeit stehen geblieben zu sein scheint. Am Lake Eacham stoßen wir auf einen echten Hill-Billy- Campingplatz: Tankstelle, Tante-Emma-Laden, Hühnerfarm,... „all in one" – das Ganze wird betreut von einem uns an Petterson (und Findus) erinnernden älteren Herrn, der für die Kinder Süßigkeiten in Tüten verpackt und für einen Dollar verkauft. Wie früher, herrlich! Der Platzwart gibt uns einen Tipp: Nicht unweit leben Schnabeltiere, die wir natürlich beobachten möchten, allerdings am besten morgens um sieben, und so gehen wir wie alle Australier mal wieder früh zu Bett. Das Schnabeltier ist weltweit eine von fünf Säugetierarten, die Eier legen. Es ist ein putziges Tier, allerdings äußerst scheu. Wir starren eine halbe Stunde auf braun-schlammiges Wasser und halten Ausschau nach Luftblasen, denn irgendwann müssen die Tiere ja Luft holen. Nichts ist zu sehen, also wandern wir ein Stück den Creek entlang, bis Mika und ich plötzlich ein Mini-Exemplar beim Tauchgang sichten. Nun startet die Verfolgungsjagd, denn wo schwimmt es hin? Einige Zeit später sehen wir auch Vater und Mutter Platypus und beobachten die putzigen Tiere eine ganze Weile. So früh auf den Beinen, reicht es noch für den *Waterfall Circuit*, eine Reihe von attraktiven Wasserfällen im Atherton Tableland. Angeblich wurde hier einst die *Timotee* Haar-Shampoo-Werbung produziert. Nele hat es sich natürlich nicht nehmen lassen, das Ganze nachzuahmen und bei 15 Grad Wassertemperatur ins Wasser zu steigen.

Jetzt haben wir bereits eine Woche im Norden vertändelt und die 3000 km bis Sydney liegen immer noch vor uns. Trotzdem fahren wir noch ein Stück zurück zur Küste nach Etty Bay, südlich von Innisfail, ein Tipp unserer Camp-Nachbarn. Wieder eine Übernachtung in einer wunderschönen Strandbucht, dann geht es weiter zu einem Erlebnis der besonderen Art: Paronella Park, die morbiden Überreste eines Vergnügungsparks aus den 30er Jahren, werden heute von einem Aussie-Ehepaar erhalten und sind eines der Highlights in dieser Gegend. Jose Paronella, ein Einwanderer aus Spanien, hat früh sein Geld mit Zuckerrohr gemacht und dann, ganz Business-Man, den Park erbaut. Besonders ist, dass er den Park damals schon per Wasserkraft autark mit Strom versorgt hat und damit seiner Zeit weit voraus war. Mika und Nele gefallen die verlassenen Gebäudereste sehr, Jan und ich sind fasziniert von den Flughunden, die in großer Zahl faul in den Bäumen herumhängen. Es gibt eine imposante Kauri-Allee mit Bäumen, die 30m hoch gerade in den Himmel wachsen. Cook soll daraus seine Schiffsmasten hergestellt haben. Wir verbringen einen Tag und eine Nacht im Park und schließen uns auch noch der Nachtführung an.

Nun wird es wirklich Zeit, denn wir müssen heute 500 km bis Airlie Beach, dem Sprungbrett auf die Whitsunday Islands, fahren. Bei km 400 und tiefster Dunkelheit stranden wir in einem Nest namens Bowen, das gemeinerweise in keinem Reiseführer Erwähnung findet. Das liegt vermutlich an den 100 km Einöde, die man dorthin durchqueren muss. Ich habe vier tote Kälber und eine große Anzahl toter Kängurus am Straßenrand entdeckt. Die sandige Buschsavanne scheint aber auch optimaler Lebensraum für Papageien zu sein. Wir sehen Kakadus und große, farbenfrohe Papageien!

Whitsunday Islands

Airlie Beach, 17-19. September

Drei Nächte auf ein und demselben Campingplatz, das ist etwas Besonderes. Die Whitsunday Islands sind ein Australien-Highlight und wir wollen sie nicht auslassen, also mieten wir uns auf einem Campingplatz in Airlie Beach ein – dem Startpunkt aller Inselhopper. Die Fahrten zu und zwischen den Inseln haben ihren Preis, aber es lohnt sich. Frühes Aufstehen sind wir ja mittlerweile gewohnt, es wird nach der Sonne gecampt und die geht hier, wie in Thailand, bereits um 18 Uhr unter. Um Punkt sieben werden wir abgeholt und zu unserem Schiff, einem Katamaran-Segler gefahren. Farbenfroh lila strahlt uns das Schiff entgegen, wenn wir nicht wüssten, dass es Milka in Australien nicht gibt, wären wir überzeugt an einer Schoko-Promotion-Tour teilzunehmen. Für uns Selbstversorger beginnt der Luxus gleich im Hafen mit Kaffee und Keksen auf dem Schiffsdeck. Der weitere Tagesablauf verläuft dann ungefähr so: Auslaufen, Essen/Trinken, Schnorcheln (es gibt Anti-Quallen-Anzüge für jeden), On-Boarding (hier zieht der Skipper jeden Einzelnen mit einem Ruck ins Schlauchboot, das Ganze erinnert an Seerobben, die aus dem Wasser an Land gewuchtet werden..), Segeln, „Beaching", d.h. wir werden am wundervollen Whitehaven Beach, Platz fünf der weltweit schönsten Strände, für eine Stunde ausgesetzt, nochmal On-Boarding... wir ernten ein „awesome" vom Skipper für unsere Einstiegs-Performance: Waten durch Wasser und graziles an Bord springen. Dieses Lob ist durchaus ernst gemeint, Australier sind den Deutschen motivationspsychologisch um Lichtjahre voraus. Später gibt es Barbeque (also wieder Essen), Segeln, Kaffee/Kuchen, dann Anlanden. Alles in allem ein Tag zum Ausspannen. Der Schnorchel-ausflug vom Schiff aus ist ein echtes Highlight, denn wir sehen endlich leuchtend bunte Korallen und sehr große Fische. Beim Zurückschwimmen kommt mir eine Qualle mit quaderförmigem Schirm entgegen und ich mache einen großen Bogen (Cubozoen sind hochgiftige Quallen und man sollte besser keine Bekanntschaft mit ihnen machen). Gut, dass alle in Anzügen, sogenannten Stinger Suits, verpackt sind.

Der Veranstalter, der unsere Segeltour organisiert, leidet unverständlicherweise unter schlechter Publicity in Tripadvisor und so profitieren wir von dem Angebot, die Inselfähre der Gesellschaft am nächsten Tag umsonst benutzen zu dürfen. Also bleiben wir schon wieder einen Tag länger als geplant und besuchen Hamilton Island, eine der sehr gut erschlossenen Inseln. Bei der Ankunft im Hafen überraschen uns Golf Caddys, die überall herumfahren und Kakadus, die sehr gerne unsere Gesellschaft suchen. Der Ort ist das perfekte australische Ferienparadies und gut ausgebaut. Wenn man sich aber auf einen Wanderweg begibt, ist man schnell wieder in der typisch australischen Wildnis! Auf unserem Fußmarsch in eine einsame Bucht findet Mika einen Schildkrötenpanzer und den Strand haben wir ganz für uns. Plötzlich nähert sich ein offensichtlich krankes Beuteltier, das – fast blind – nach Nahrung sucht. Wir verschenken unsere letzte Banane und rätseln um welches Tier es sich handelt ... ein Opossum, ein seltenes Baumkänguru? Die genaue Artbe-stimmung gestaltet sich schwierig, weil das Tier einfach eine bemitleidenswerte Erscheinung ist. Jan tippt auf Opossum, später zeigen wir die Fotos einer Aussie-Familie, die es ohne zu zögern als Rock-Wallaby enttarnt und wenig Mitleid zeigt.

Ein heißer Ritt nach Süden

Nördlich von Brisbane, 20.-23.9.

Nach zehn Tagen stellen wir bestürzt fest, dass es dringend Zeit wird, weiter Richtung Süden zu fahren. Schließlich liegen noch über 2000 Kilometer vor uns bis Sydney! Unser nächstes Etappenziel ist Rockhampton, von den Einheimischen liebevoll „Rocky" genannt. Leider haben wir die Motorisierung von Jucy-Lucy überschätzt, die der unseres allerersten VW-Busses, Baujahr 72, gleicht. Und so fahren wir doch in den Sonnenuntergang, was wir wegen der hohen Kängurudichte eigentlich vermeiden wollten. Wir stranden ungefähr 70 km vor Rocky auf einem Zeltplatz, der als Hauptattraktion eine begehbare Höhle aufweist. Es ist bereits dunkel, als wir eintreffen und mit viel Glück werden wir gerade noch eingelassen. Da es in dieser Gegend wohl nicht viele nicht-australische Touristen gibt, werden wir sofort von einer Familie aus Brisbane belagert, deren Tochter in der Schule seit vier Jahren Deutsch lernt und genauso alt ist wie Nele. Leider klappt die Konversation zwischen den beiden nicht ganz so gut, der elterliche Erfolgsdruck war einfach zu hoch! In der Camp-

Kitchen läuft derweil „Das doppelte Lottchen" in der Down Under-Fassung. Inzwischen haben wir gelernt, dass Australier so kontaktfreudig sind, dass man morgens und abends immer etwas mehr Zeit einplanen sollte. Gespräche über das Wetter können schnell mal in eine längere, interessante Unterhaltung ausarten, die wir nicht missen möchten.

Am nächsten Tag geht es weiter durch einsame Landschaften Richtung Süden, über Rocky nach Gladstone, der größten Industriestadt an der Ostküste von Queensland. Hier werden Bodenschätze und Kohle verschifft oder weiterverarbeitet. Von einem Aussichtspunkt aus thront vor uns das größte Aluminiumwerk der Welt (schon wieder Superlative!) und nach einem herrlichen Garnelensalat am Hafen fahren wir weiter nach Bundaberg. An diesem Fahrtag schaffen wir weitere 400 km, kommen aber mal wieder viel zu spät zum Campingplatz, der in Bundaberg bereits um 17 Uhr schließt! Wir schmuggeln uns mit dem Zahlencode eines anderen Campers durch die Schranke und bezahlen brav am nächsten Tag. In der Umgebung von Bundaberg gibt es tolle Strände, einen davon besuchen wir, weil uns der Name so gut gefällt und weil dort Schildkröten ihre Eier vergraben. Es ist keine Saison, also haben wir den Strand und das Schildkröten-Infozentrum fast für uns allein –

gleichzeitig braut sich über dem Pazifik ein ausgewachsener Sturm zusammen, es regnet an der so genannten Sunshine Coast. Aber wir sind guter Dinge und entdecken ein uns sehr bekanntes Schild am Ortsrand von Bundaberg, der (noch) nördlichste Aldi von Australien ganz weit im Süden, denn das Imperium befindet sich noch im Aufbau! Ein echtes Highlight für uns, fast alles sieht aus wie in Deutschland, selbst die Fußbodenfliesen lassen Heimatgefühle aufkommen. Sofort wird die Parole ausgegeben „jeder darf sich eine Sache aussuchen" und wir schwärmen aus. Leider kostet uns der Discount-Shopping-Ausflug mehr Zeit als gedacht, so dass wir Childers und Marlborough, zwei hübsche Orte mit viktorianischem Ortskern und alten Autos, nur einen kurzen Besuch abstatten, bevor wir uns südlich von Hervey Bay am Rainbow Beach und seinen herrlichen Dünen einmieten. Wir verzichten auf die sündhaft teure 4-Wheel-Drive Fahrt nach Fraser Island (eine große, der Küste vorgelagerte Sandinsel), denn wir planen am nächsten Tag etwas ganz Besonderes für die Kinder: einen Besuch des Australia Zoo nördlich von Brisbane. Dort soll unser Wissen über die Tierwelt Australiens weiter vertieft werden, außerdem hoffen wir auf die Sichtung uns bisher verborgen gebliebener Tiere. Nicht nur der Zoo, sondern auch die in diesem Gebiet bekannten

Glasshouse Mountains sind ein attraktives Ausflugs- und Übernachtungsziel.

Bindis Welt

Australia Zoo, 24. September

Steve Irvin, genannt „the Crocodile Hunter", kam 2006 bei einem Tauchunfall auf tragische Weise ums Leben: ein Stachelrochen bohrte ihm seinen tödlichen Stachel direkt in den Leib. Kaum zu glauben, dass der Besitzer des Australia Zoos und Bezwinger unzähliger Krokodile tatsächlich auf so unglaubliche Art zu Tode kam. In üblicher Small-Talk-Manier gehen wir der Sache auf den Grund und sprechen einen Park Ranger an, auch weil wir wissen wollen, wie gefährlich das Baden in Queensland nun wirklich ist. Es ist sehr gefährlich! Der Schock beim Personal sitzt offensichtlich immer noch tief, obwohl der Park heute von Steves Frau Terry und den Kindern Bindi (16) und Robert (12) äußerst professionell weitergeführt wird. Besonders Bindi ist überall präsent – wir dürfen ihrer Tanzshow beiwohnen – sozusagen als Vorgruppe, bevor ein Krokodil live von der Familie gefüttert wird. Dass das durchaus ein gefährliches Unterfangen ist, können wir hautnah miterleben. Bindi singt und tanzt mehrere Dschungelsongs, den letzten über sie und ihren Vater. Perfektes Marketing, das unter die Haut geht und auf die Tränendrüse drückt. Hauptsächlich ist der Australia Zoo nördlich von Brisbane aber ein erstklassig geführter Tierpark, in dem man sich vor allem die Tierwelt Australiens aus nächster Nähe anschauen und manchmal auch anfassen kann. Schnell steht fest: Koalas sind wirklich die süßesten Kreaturen auf diesem Kontinent, sie fühlen sich superweich an und die lasziven, langsamen Bewegungen brechen selbst das raueste Männerherz. Koalas schlafen den lieben langen Tag (18-20 Stunden), da das Verdauen der Eukalyptusblätter sehr lange dauert und diese wenig Energie liefern.

Mika und Jan sehen endlich auch einen Kasuar, zwar nicht in freier Wildbahn, dafür aber viel näher und absolut fototauglich. Außerdem gibt es Kängurus zum Kraulen und jede erdenkliche Giftschlange Australiens (nicht zum Anfassen). Die so genannte Inland-Taipan tötet mit dem Gift eines Bisses 100 Männer – nur kann sie glücklicherweise nicht 100 auf einmal beißen! Wir fragen uns, warum die Tiere überhaupt ihre Giftmengen so im Überfluss preisgeben. Neben einer riesigen Anlage für afrikanische Tiere beherbergt der Zoo auch das weltweit größte Tierkrankenhaus. Täglich werden um die 800 Tiere eingeliefert und behandelt.

Nun nochmal zurück zu Steve und seiner Passion des Krokodilfangs: wir fragen einen Mitarbeiter, der uns erzählt, dass die Tiere weiterhin zu wissenschaftlichen Zwecken (von Hand!) gefangen und mit Mikrosendern ausgestattet werden. Auf diese Weise konnten sie feststellen, dass einige der Krokodile bestimmte Stellen zwischen Fluss und Ozean ungefähr 4000 mal pro Jahr passieren. Baden verboten!

Allen zukünftigen Australien-Besuchern empfehlen wir den Zoo uneingeschränkt, mit Kindern oder ohne Kinder. An diesem Abend fahren wir weiter nach Brisbane – nur noch fünf Tage bis wir Australien verlassen, die Zeit rennt.

Meer, Berge und Spaß in den Blue Mountains

Brisbane – Sydney, 25.-29. September

Südlich von Brisbane wagen wir trotz des Zeitdruckes einen Abstecher nach Byron Bay, der Hippie-Hochburg an der Sunshine Coast. Inzwischen hat sich auch das Wetter beruhigt und wir genießen den Ausblick vom Byron Bay Leuchtturm auf hoch aus dem Meer springende Buckelwale. Es handelt sich vermutlich um männliche Tiere, die sich sehr ausgelassen auf den bevorstehenden Sommer in der Antarktis freuen.

Man weiß aber bis heute nicht sicher, warum Wale überhaupt springen: um Parasiten loszuwerden, um zu kommunizieren oder einfach aus purer Lebensfreude? Nach weiteren 400 km am nächsten Tag suchen wir uns einen schönen Strand-Campingplatz, am Woolgoolga Beach. Morgens schwimmen schon wieder Buckelwale durch die Bucht. Wie gerne hätten wir jetzt ein Kajak, um hinzufahren! Nur noch 650 km bis in die Blue Mountains, wo wir das letzte Wochenende in Australien verbringen möchten. Wir schaffen es bis abends um halb neun, denn in Sydney erwischt uns der Feierabendverkehr, so dass wir sehr erschöpft ankommen. Beim Aussteigen schlägt uns der eigene Atem entgegen, so kalt ist es inzwischen geworden. Endlich kommt unsere Patagonien-Ausrüstung zum ersten Mal komplett zum Einsatz. Wieder treffen wir Peter, Claudia, Jonas und Niklas aus Sydney. Sie bleiben das ganze Wochenende und zeigen uns ihre Geheimtipps, z.B. eine Wanderung zu einem Wasserfall mit grandiosem Blick auf den Canyon. Zum ersten Mal realisieren wir, dass wir uns oben am Canyon-Rand befinden, so wie alle Orte in den Blue Mountains. Zum Übernachten suchen wir uns diese Nacht einen kostenfreien Campingplatz im Megalong Valley, der sich trotz Kälte nach und nach füllt. Mit einheimischen Profis, die beim Holzsuchen nicht müde werden, ist das Feuer machen ganz leicht und schnell prasselt ein warmes Feuer. Es gibt köstliches Chili und selbstgebackenes Brot. Am nächsten Tag wandern wir auf die andere Canyon-Seite: Über vier Stunden geht es erst nach unten, dann durch einen wunderbaren Pfad, der mit schönen Baumfarnen bewachsen ist durch den Canyon, bis wir wieder nach oben klettern. Wir sind froh, noch das ganze Wochenende entspannt in den Blue Mountains zu verbringen, denn wir brauchen unsere Kräfte für den folgenden weiten Weg nach Tonga.

Jucy Condo – Platz für 4 (gerade so)

Typisches Strandleben bei Sydney

Ein Kasuar, das Tier aus der Urzeit

Ein bisschen Outback im Atherton Tableland

Gefährliche Showeinlage im Australia Zoo

Tonga

Alibaba und die 40 Sauger

Auf dem Weg nach Tonga, 30.9.-2.10.

Drei Tage wird unsere Reise von Sydney nach Tonga dauern. Unser Ziel ist Eua, eine kleine Vulkaninsel, die zum Königreich Tonga gehört. Tonga wiederum besteht aus 176 Inseln, es gehört zu Polynesien und liegt mitten im Pazifik, westlich von Fidschi. Nach drei Wochen westlichen Lebensstils werden wir nun in eine ganz andere Welt eintauchen. Wir haben uns die Insel Eua wegen der Buckelwale ausgesucht, die dort ihre Jungen aufziehen.

Nach einer intensiven Entrümpelungsaktion geben wir den Camper wehmütig in Sydney ab und machen uns auf den Weg nach Newtown, ein Stadtteil in Sydney, wo wir die letzte australische Nacht verbringen. Die Wahl fällt auf eine coole Backpacker-Unterkunft zwischen Flughafen und Zentrum. Newtown besteht aus vielen hübschen viktorianischen Häusern und jeder Menge jungen Menschen, die dort leben, studieren oder einfach nur abhängen (Letzteres ist in unserem Hostal definitiv der Fall, die Couch war um 17 Uhr schon überbevölkert, gleiches gilt für die guten Internetplätze). Wir heben das Durchschnitts-

Alter durch unsere Anwesenheit erheblich an, zum Glück haben wir Mika und Nele dabei! Abends drehen Nele und ich noch eine Runde und treffen auf skurrile Typen in interessantem Outfit, z.B. mit innovativen Haargestecken – eine Frau schien die Reste ihres Frühstücks zu recyceln. Weiter geht's am nächsten Tag von Sydney nach Auckland, das sind zwar nur drei Stunden Flug, dafür aber gleich mit drei Stunden Zeitverschiebung. Wir sind nun 11 Stunden vor der deutschen Zeit und nähern uns der Datumsgrenze. Unglücklicherweise geht unser Flug nach Tonga bereits morgens um acht, so dass wir ein flughafennahes Hotel buchen. Mit Air New Zealand erreichen wir eine vollkommen andere Welt. Der Flughafen auf Tongatapu, Tongas Hauptinsel ist klein, sehr klein. Wir klettern aus der einzigen Düsenmaschine, die hier landet und werden von den "Friendly Islands" freundlich und unbürokratisch eingelassen. Noch haben wir Eua nicht erreicht, die Insel liegt, je nach Seegang, ungefähr 3 weitere Fähr-Stunden entfernt. Also heißt es noch einmal Übernachten, denn wahrscheinlich fährt eine Fähre am nächsten Tag gegen 11. Der letzte Satz sagt bereits einiges aus über die tongaische Lebenskultur. Immerhin, es steht in der Regel immer jemand am Flughafen, der dich irgendwohin bringt – wir wollen vorerst in die Hauptstadt Nuku´alofa, wo auch der König von Tonga wohnt. Ana spricht uns am Flughafen an und bringt uns in ihrem mit diversen Flicken ausgestatteten Auto zu Alibaba, dem Besitzer eines im Reiseführer empfohlenen Gästehauses, das wirklich schon bessere Zeiten erlebt hat. Bereits auf der Fahrt stellen wir fest, dass jede Familie mindestens ein Schwein und 2-3 Schrottautos im Garten hält. Letztere sichern vermutlich den Nachschub für Ersatzteile. Völlig übermüdet ignorieren wir das dreckige Bad sowie die ekligen Schadinsekten und fallen für einen Mittagsschlaf ins Bett. Wir wissen, man darf von Tonga nicht zu viel erwarten, der Tourismus ist hier kaum ausgeprägt und entsprechend niedrig ist der Standard. Dafür wird man sehr unverfälscht in die Gemeinschaft aufgenommen. Nach anfänglicher Zurückhaltung ist es das Ziel eines jeden Tongaers seine Zuhörer zum Lachen zu bringen – und das schaffen sie sehr schnell!

Nach dem Mittagsschlaf unternehmen wir noch einen Spaziergang ins Zentrum, denn jetzt ist der Hunger wirklich groß. Nuku´alofa hat keine nennenswerten touristischen Einrichtungen, aber einen Markt und ein Cafe/Imbiss, das gleichzeitig als Touristen-Information fungiert. In einem Handarbeitszentrum verkaufen einheimische Frauen ihre Werke: wunderbare Webarbeiten, Schmuck und Holzschnitzereien. Bevor wir auf die Fähre gehen, nächtigen wir nicht ohne Beistand von 40 Saugern: 39 werden von Jan erlegt, eine erlebt eine Nacht im Schlaraffenland.

Alibaba rät uns so gegen zehn Uhr an der Fähre zu sein, also sind wir pünktlich da. Es wird gerade ein Lieferwagen verladen, die Fähre hat aber auch nur für ein Auto Platz und ist ansonsten schon gnadenlos überladen. Menschen sind auch an Bord, weitere 50 warten davor. Als ich sehe, in welchem erbärmlichen Zustand das Schiff ist, kann ich nicht glauben dieses Schiff jemals zu betreten – wir tun es dann doch, als einzige Ausländer. Ich weiß, dass eines dieser Schiffe vor vier Jahren vor Tongatapu gesunken ist und über 100 Menschen dabei ihr Leben ließen. Jan und den Kindern erzähle ich das lieber nicht, aber jetzt erwischt mich die Angst mit voller Wucht und es kostet viel Überwindung das völlig überladene Schiff zu betreten.

Die Fahrt dauert viel länger als drei Stunden, denn nach einer Weile schlagen die Wellen von allen Seiten erbarmungslos auf das Boot ein. Wer clever und seefest ist, klettert aufs Dach. Wir bleiben vorne am Bug, lassen uns duschen und Jan kümmert sich um ein kleines Mädchen, dessen Mutter seekrank ist. Die Kleine wird erst von uns mit Süßigkeiten beruhigt und schläft dann an Mikas Brust ein! Nele und ich versuchen noch während der Überfahrt, Jan zu einer Alternative für die Rückkehr zu überreden: ein 10-Minuten-Flug mit der neu gegründeten Fluglinie Real Tonga Airline (nicht minder abenteuerlich, aber bestimmt sicherer).

Hideaway

Eua, Tongas, 2.-8.Oktober

Endlich nähern wir uns der Hafeneinfahrt und haben wieder festen Boden unter den Füßen. Vor dem Anlegen springen schon die Ersten an Land, dann startet ein wildes Gewusel, denn viele Kisten müssen ausgeladen werden. Auf einer steht „imported from U.S.A., keep frozen", wir vermuten es sind Hühnchen, denn die Pappkartons, die auf dem Boot vor unseren Füßen standen, verfärbten sich im Laufe der Fahrt rötlich - kein Wunder bei drei Stunden Lagerung in der prallen Sonne. Im Chaos der Schiffentladung werden auch wir zu einem klapprigen Jeep gelotst, der unser neues Zuhause ansteuert, das *Hideaway*, dem Internet zu Folge das beste Gästehaus in Eua (es gibt aber nur wenig Alternativen). Etwas außerhalb des Hauptortes erwartet uns ein kleines Paradies. Wir blicken aus einfachen Hütten aufs Meer und sehen bereits in den ersten 30 Minuten Buckelwale in unmittelbarer Nähe vorbeiziehen. Wie zu erwarten kommen sich die wenigen Gästehaus-

Besucher schnell näher und wir werden sofort in den Kreis der vorhandenen Gäste aufgenommen: ein Ehepaar aus Rotorua, Neuseeland (welches uns sofort eine Neuseelandroute vorschlägt und uns mit Tipps versorgt) und eine lustige Wissenschaftler-Truppe, die die Höhlen der Umgebung erforscht. Kaum angekommen, laden sie uns ein, ihren Vortrag an der Highschool in Eua am nächsten Tag zu besuchen: Hunderte von Schülern sitzen brav sortiert nach Mädchen und Jungen in einer großen Halle. Für diesen besonderen Anlass hat das Wissenschaftlerteam eine tolle Power-Point-Präsentation vorbereitet, nur leider ist der Projektor kaputt (am Tag zuvor war er noch in Ordnung). Wir wundern uns nicht, denn hier gibt es selten Gebrauchsgegenstände, die noch keine 30 Jahre alt sind und nicht bereits mehrfach repariert wurden. Nun ist Impro-visieren gefragt und so wird es ein Spontanvortrag über die Entstehung der Insel und der Höhlen. Besonders lustig finden die Kinder die Demonstration der Kletterausrüstung am lebenden Objekt – nachdem wir gesehen haben, wie flink die Menschen hier auf Palmen klettern und Kokosnüsse ernten, wundert uns das nicht. Am Schluss wird ein riesiger Stalagmit durchgereicht, Alter ca. 45.000 Jahre. Die Jungs in den Reihen auf unserer Seite schlafen teilweise ein und werden zwischendurch von Banknach-barn wieder unsanft geweckt. Als wir gehen, ist

Nele die Attraktion des Tages, hier und da wird gekichert und die Jungs stecken ihr einen „add me on Facebook" Zettel zu. Nach diesem Auftritt kennt uns hier vermutlich jeder. Abends sehen wir die eigentlich geplante Präsentation und unterhalten uns mit John und Dan, den beiden Höhlenforschern. Der Stalagmit soll ausgeführt werden, um Klimaveränderungen auf der Erde zu erforschen. Aus wissenschaftlicher Sicht sinnvoll, jedoch wissen wir aus anderen Quellen, dass die Einwohner von Eua nicht alle begeistert über die „Pa langi" sind. Langi heißt übersetzt „Himmel", Pa langi ist der Ausdruck für Fremde, die aus dem Himmel kommen – der Begriff stammt noch aus der Zeit, als die ersten Fremden mit ihren Segelschiffen am Horizont auftauchten. Die Menschen in Tonga glaubten, die Fremden kämen aus dem Himmel, als sie am Horizont auftauchten.

Die Lebenskultur in Tonga ist einfach, ehrlich und 100% gegensätzlich zu unserer westlichen Lebensweise des „Nicht-stillstehen-Könnens". Jeder arbeitet nur das Nötigste, so ist unser Eindruck, strebt aber auch nicht nach unnötigen Luxusgütern oder Anhäufung von Werten. Am Anfang sind die Menschen sehr zurückhaltend, doch wenn man einmal ins Gespräch mit ihnen kommt, sind es die herzlichsten, unkompliziertesten Menschen, die man sich vorstellen kann. Oft werden wir vorsichtig angesprochen und dann entwickelt sich schnell eine interessante Unterhaltung. Als Fremder löst man allenfalls Neugierde aus, aber niemals Ablehnung. Die Einladung zum sonntäglichen Kirchenbesuch erfolgt keine Stunde, nachdem wir von Bord gehen. Mehrfach erkunden wir den Strand, sammeln Muscheln und bekommen schnell Gesellschaft von Einheimischen, inklusive Kokosnuss-Ernte und Verkostung. Glücklicher-weise ist die Schulausbildung in Tonga bemerkenswert gut, so dass gerade die jungen Inselbewohner recht gutes Englisch sprechen. Nachts können wir kaum schlafen, denn am nächsten Tag geht es zur Walbeobachtung weit hinaus auf die hohe See.

Auge in Auge mit dem Walkalb

Eua, Tonga, 2.-8.Oktober

Auf Augenhöhe mit einem Walkalb, das schon eher ein Teenager ist, schwebe ich im Wasser und der Zustand ist einfach unbeschreiblich. Wer hätte gedacht, dass wir jemals mit Walen schwimmen werden? Weltweit gibt es nur zwei Orte an denen man mit Walen schwimmen kann, einer davon ist Tonga. Auf Eua ist Kiko, stolzer Besitzer eines kleinen Fischerbootes, einziger Inhaber der Lizenz zum Whale Swimming. Er holt uns mit seinem Pritschenwagen ab und bringt uns zum

Hafen. Wir sind skeptisch, denn das Wetter ist durchwachsen, aber das Meer noch verhältnismäßig ruhig. Kiko hat seinen 13-jährigen Sohn dabei, und zu sechst klettern wir in das kleine Boot. Wir haben großes Glück, denn nach nur 20 Minuten Auf und Ab finden wir eine Gruppe von Walen: Mutter mit Wal-Kalb und Eskorte (eine weiterer Wal-Bulle, der hilft, auf das Kleine aufzupassen). Kiko macht den Motor aus und wartet, ob die Wale zu uns kommen. Er ruft sie mit Pfiffen und klopft gegen sein Boot, welches bei Stillstand noch gewaltiger schaukelt. Sie kommen tatsächlich zu uns, dann muss plötzlich alles sehr schnell gehen: Kiko ruft „go, go, go", so dass wir Hals über Kopf Flossen und Maske anziehen und über Bord gehen. Es hört sich einfach an, kostet aber einiges an Überwindung, denn das Meer ist an dieser Stelle bis zu 3000 m tief und wir sind umzingelt von tonnenschweren Walen. Einmal drin, schreit er weiter „look, look, look", was heißt, dass wir schauen sollen, anstatt ungeschickt im Wasser herum zu paddeln. Wir brauchen eine Weile, um uns an das Blau des Ozeans zu gewöhnen, dann sehen wir sie ganz klar wenige Meter vor uns: zwei riesige Wale übereinander, darüber senkrecht das Kalb, das den Kopf aus dem Wasser steckt und neugierig herausschaut. Ein überwältigender Anblick, den wir alle nie vergessen werden. Wir steigen wieder ins Boot, doch die Mutter scheint das Kalb zu

animieren, sich das ungewöhnliche Wasser-
fahrzeug und seine Insassen einmal genauer
anzuschauen. Kiko fordert uns wiederum auf, ins
Wasser zu gehen. Diesmal bleibt Jan mit Mika zum
Fotografieren draußen und ich gehe mit Nele und
Kikos Sohn alleine. Das Kalb wird immer
übermütiger, es schwimmt an uns vorbei, dreht
sich und spielt sogar mit dem Boot. Es klatscht mit
der Fluke an die Bordwand, streckt sein forsches
Auge heraus und schaut sich Mika genauer an.
Kiko hat uns in der Zwischenzeit einen
Rettungsring mit Leine zugeworfen, damit wir uns
während des jetzt immer stärker werdenden
Seegangs festhalten können.

Plötzlich schwimmt das Wal-Kalb direkt auf mich
zu, dreht und schaut mich mit seinem unglaublich
großen Auge direkt an. Es ist so nah, dass ich seine
Fluke streicheln kann – und die Zeit scheint
stillzustehen. Ich verstehe nicht warum, aber das
Kleine wird plötzlich unruhig, bis ich beim
Aufsehen merke, dass es sich in der Leine vom
Rettungsring verfangen hat. Die Situation wird
gefährlich und ich realisiere es in Sekunden-
bruchteilen. Ich schwimme so schnell wie möglich
rückwärts, lasse den Ring los und schiebe die
anderen beiden mit Schwung aus der
Gefahrenzone. Die Fluke, mit der das Wal-Kalb
sich schnell befreit, erwischt mich gerade noch an
den Beinen. Ich habe keine Angst, merke aber

später, dass Jan auf dem Boot sich wirklich Sorgen macht. Im Nachhinein denken wir über die Risiken nach, sind uns aber sicher, dass die Wahrscheinlichkeit in Deutschland im Straßenverkehr zu Schaden zu kommen, erheblich größer ist, als im Pazifik mit einem Wal zu kollidieren. Wale sind friedlich und neugierig, wir Menschen kamen ihnen mit einem Seil in die Quere. Als wir wieder im Boot sind, schwimmt das Kalb weiter mit uns mit und taucht mehrmals unter dem Boot hindurch. Es scheint immer noch neugierig auf weitere Aktivitäten zu warten. Wir aber sind dieser Spezies weit unterlegen, zwar glücklich über die Begegnung, aber sehr erschöpft. Wir wissen, wie selten es ist, so nah an die Wale heranzukommen und wollen unser Glück nicht herausfordern.

Inselleben

Eua, 6.-8. Oktober

Eua hat ungefähr 5000 Einwohner, dabei werden die Kinder bis zum Teenager-Alter nicht mitgezählt. Dem gegenüber steht mindestens das 10fache an Schweinen, die überall herumlaufen. Wenn es ein glückliches Schweineleben gibt, dann auf Eua! Wenn man durch die Dörfer fährt oder läuft, fallen sofort die Kirchen auf, von denen es ebenfalls ein Dutzend in jeder Ortschaft zu geben scheint. Unser Kirchgang am folgenden Sonntag wird zum interessanten Studium tongaischer Lebenskultur. Es kommt und geht jeder wann er will, die Kinder spielen in den letzten Reihen, Mütter weisen ihre Zöglinge mit derben Schlägen auf den Hinterkopf zurecht und die Frauen tragen ihre Hüte wie beim Pferderennen in Ascot. Das ganze Schauspiel wird dominiert von einem protestantischen Pfarrer, dessen Stimme in ansteigendem Stakkato unheilvoll durch die Halle schallt. Wir haben den Eindruck, dass die Aufmerksamkeit der Zuhörer tatsächlich nur durch entsprechende Lautstärke zu gewinnen ist. In den ersten Reihen sitzen die Chöre, die uns mit ihrem wunderschönen Gesang sofort bezaubern. Als wir die Kirche verlassen und durch den Ort zum Gästehaus zurücklaufen, hören wir Lieder aus allen Kirchen. Sonntags steht in Tonga alles still – auch wir passen uns an und gammeln den Tag am Strand herum, der uns mit seinen riesengroßen Wellen, die am Korallenrand brechen, fasziniert.

Am Strand treffen wir auf Baku (einer der Hilfskräfte vom Gästehaus), sichtlich gezeichnet von übermäßigem Kawa-Konsum, die Augen knallrot und nicht besonders kommunikativ. Man kann die Rauschwirkung dieser Pflanze mit der von Cannabis vergleichen. In Tonga gehört der sonntägliche Genuss von Kawa, das aus Teilen der

Pfefferwurzel hergestellt wird, unter Männern zum guten Ton. Um dem Nichtstun zu entfliehen, repariert Jan den Jeep unseres Gästehauses. Der Reifen ist platt, dabei möchten wir am nächsten Tag zu einer 4WD-Tour über die Insel aufbrechen. Inzwischen kennen wir uns gut aus und wissen, dass man aktiv werden muss, um voranzukommen. Leider bekommen wir dann doch nur den Pritschenlaster von Kiko, um zu den schönsten Plätzen der Insel zu gelangen. Dem Himmel am nächsten ist man hoch oben über den Klippen, auf der Ostseite der Insel. Von hier aus schaut man auf die Datumsgrenze, d.h. nur noch ein paar Kilometer (einige 100 werden es wohl sein) und wir erleben den ganzen Tag noch einmal. So wird es uns am 1.12. ergehen, wenn wir Auckland in Richtung Osten nach Santiago de Chile verlassen. Bestürzt haben wir vor kurzem festgestellt, dass wir unsere Unterkunft in Santiago einen Tag zu spät gebucht haben.

Die Südspitze der Insel ist rau und das Meer tost um die Klippen. In den Felsnischen brüten braune Tölpel, die sich von Zeit zu Zeit majestätisch durch die Lüfte schrauben. Eua ist nicht groß, aber da wir zwischendurch tanken, in einem der kleinen Instant Shops die einzigen verfügbaren Kekse und Softgetränke erstehen, ab und zu mal wieder Kühlerwasser nachgefüllt werden muss und wir schließlich noch bei diversen Bekannten von Kiko auf einen Gruß vorbeifahren, juckeln wir sieben Stunden auf der Pritsche durch die Lande! Abgasschwanger erreichen wir den Strand, an dem wir um drei Uhr nachmittags endlich unsere Lunchbrote verzehren dürfen. Hier ist dem Strand immer ein Riff vorgelagert, an dem die Wellen zerschlagen. Bei Flut spritzen imposante Fontänen aus so genannten „Blow Holes" in die Höhe, bei Ebbe entstehen wiederum Gezeitentümpel, die sich auch zum Baden eignen.

Den Nationalpark im Osten besuchen wir am nächsten Tag alleine und bekommen eine handgeschriebene Karte für die ca. 4-stündige Wanderung. Ein Taxi bringt uns an den Ausgangspunkt und holt uns nach fünf Stunden wieder ab. Der Fahrer ist vermutlich ein Bekannter aus dem Dunstkreis unseres Gästehauses, der sich mit einer einzigen Taxifahrt ein gutes Zubrot und einen geruhsamen Tag verschafft. Wir unternehmen eine entspannte Wanderung durch den Urwald, sehen schöne Farne, eine Höhle mit Absturzrisiko und erleben wieder atemberaubende Ausblicke auf die Küste und den Tonga-Graben, den zweittiefsten in der Tiefsee nach dem Marianengraben. Eua ist 40 Millionen Jahre alt, vulkanischen Ursprungs und viel älter als die anderen Inseln von Tonga (entstanden vor 10 Millionen Jahren). Es ist wild, unverfälscht und ursprünglich und damit „ein

Traumziel für Naturliebhaber, denen Service und Unterkunft nicht so wichtig sind", Zitat Reiseführer. Das erfahren wir mal wieder am eigenen Leib, als es um die Rückkehr zur Hauptinsel Tongatapu geht. Die Fähre kommt am Mittwoch nicht, so die Aussage der Gästehaus-Besitzerin. Wir bedauern es nicht sehr und buchen den kürzesten Passagierflug der Welt: in zehn Minuten soll es von Eua nach Tongatapu gehen, vorausgesetzt wir finden den Flughafen und überschreiten nicht das zulässige Gesamtgewicht. Einsam liegt die kleine Startbahn am nächsten Tag vor uns, in einem Häuschen daneben befindet sich die Wartehalle. Das Personal, eine kleine, rundliche Tongaerin, zieht gerade akkurate Linien mit einem Lineal auf ein Stück Papier, auf das dann das Gewicht der Passagiere eingetragen wird. Jeder Passagier wird gewogen, denn mehr als 12 Personen mit einem entsprechenden Durchschnittsgewicht dürfen nicht mitfliegen. Ein in Tonga nicht zu vernachlässigender Faktor, denn mollig zu sein ist hier ein Schönheitsideal! Die Plätze im Flugzeug werden später nach Gewicht zugeteilt. Wir bestehen den Test, bekommen die Tickets ausgehändigt und starren in den grauen Himmel. Die Fluggesellschaft ist leider so unzuverlässig, dass die Flieger entgegen des Flugplans ständig ihre Abflugzeiten ändern oder auch manchmal gar nicht abheben. Unser Flug wurde gerade eben um zwei Stunden nach hinten verschoben. Da es am Flughafen kein Licht gibt, dürfen nach 18 Uhr keine Landungen und Starts mehr erfolgen. Die kleine Propellermaschine trudelt zehn Minuten vor 6 Uhr aus den dichten Wolken heraus, wendet, spuckt ein paar Menschen aus und hebt mit uns wieder ab. Wir schaffen es gerade noch zum Abendessen in unsere neue Unterkunft auf Tongatapu. Trotz aller Unsicherheiten ein toller Flug und im Vergleich zur Fähre bequemer und sicherer.

Tongatapu im Regen

Tonga, Tongatapu, 8.-13. Oktober

Es regnet am Morgen nach der Landung und wir entschließen uns zu einer Rundfahrt durch Tongatapu, der Hauptinsel Tongas. Hola, der Chef des sehr empfehlenswerten Ha´atafu Beach Resorts, leiht uns seinen kleinen Wagen und wir fahren nach Nuku´alofa, der Inselhauptstadt. Man sieht dort immer noch Hinterlassenschaft der politischen Unruhen von 2006, viele Gebäude wurden damals zerstört. Nach dem Wiederaufbau entstanden hässliche Betonblöcke. Trotzdem, nach Eua erscheint uns die Insel nun viel fortschrittlicher. Die Hauptstraße ist asphaltiert und die Infrastruktur insgesamt wesentlich besser ausgebaut. Wir kümmern uns zuallererst um notwendige Erledigungen. Im Post Office wollen wir herausfinden, was es kostet, ein Paket nach Deutschland zu schicken – die Andenken von den Inseln sind wirklich sehr schön und in mühevoller Arbeit angefertigt. Es gibt Masken aus Holz, Tapas-Malereien (kunstvoll bemalte Rinde), Muschelschmuck und Webarbeiten. Wir erstehen 2 kg Souvenirs und pilgern zur Post. Üblicherweise bekommt man in der Post auch Verpackungsmaterial, jedoch nicht auf Tonga. Es dauert, bis das Paket ordnungsgemäß verpackt auf die Reise geschickt werden kann. Übrigens gibt es in keinem Land so schöne Briefmarken wie hier. Es geht weiter entlang der Inselküste und die erste Kuriosität, auf die wir stoßen, sind Wattschweine, die mit ihren Rüsseln bei Ebbe tief im Schlick wühlen. Als Schwein scheint die Konkurrenz um Nahrung so groß zu sein, dass man sich gerne auf Wattwürmer spezialisiert! Das Fleisch muss einen besonders feinen Geschmack haben. Beim nächsten Stopp verschlägt es uns in eine Höhle am Meer, in der man baden kann. Wir steigen in Begleitung des Höhlenbetreuers in die Tiefe und sind begeistert. Überall funkeln uns Tropfsteine entgegen – in Deutschland wäre diese Höhle längst nicht mehr frei zugänglich. Am tiefsten Punkt kann man tatsächlich baden und so verbringen wir viel Zeit alleine in der Höhle (wir werden nur nach unten gebracht, mit Lampen ausgestattet und dann uns selbst überlassen).

Die Rückfahrt zur Unterkunft braucht viel Zeit, denn auf der anderen Seite der Insel wird hauptsächlich Stockwerksanbau betrieben: üblicherweise unten Maniok, mittig Bananen oder Papaya und oben Kokos. Dafür braucht man keine Asphaltstraße, stattdessen sind die Sandpisten mit tiefen Schlaglöchern gepflastert und wir verkalkulieren uns bei der Rückfahrtzeit. Die Tage auf Tongatapu sind sehr geruhsam, allerdings regnet es häufiger als wir dachten. Wer geglaubt hat, in der Südsee scheint immer die Sonne, hat weit gefehlt. Wir sind mittendrin im Pazifik, und das Wetter wechselt verständlicherweise sehr schnell. Unsere Fale, eine traditionelle Hütte am Strand, scheint trotzdem eher auf viel Sonnen-schein ausgerichtet zu sein. Zwar regnet es nicht herein, aber die Luftfeuchtigkeit ist hoch. Trotzdem ist das Klima angenehm, denn es ist nicht so heiß, wie wir befürchtet hatten. In Ha´atafu bekommen wir jeden Abend das bisher beste Essen unserer Reise: frischen Fisch vom morgendlichen Fang, der abends in unzähligen Varianten aufgetischt wird. Die Beilagen sind einfach, aber fein gewürzt und wir werden sehr verwöhnt. Alle genießen es, denn wir wissen, dass bald sieben Wochen Campingküche in Neuseeland vor uns liegen.

Die „Fähre" nach Eua

In der Schule

Ein neugieriges Wal-Kalb

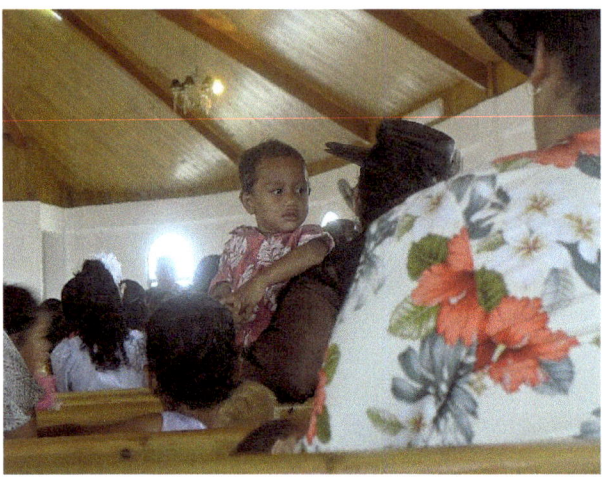

Kirche am Sonntag

Pause während der Insel-Tour

Strand auf Eua

Neuseeland

„Orkland"

Auckland, 13.-15. Oktober

Mittelerde lässt bitten und nebelt die Fluggäste erst mal richtig ein, bevor sie das Flugzeug verlassen dürfen. Eine gemeine Attacke gegen uns - oder die einreisende Kreaturen-Welt? Fruchtfliegen, der Dengue-Überträger Aedes Ägyptii (ein Moskito mit gestreiften Beinen) oder vielleicht die Hobbit-Seuche...? Wir finden es nicht heraus. Auf jeden Fall bleibt die Tür so lange zu, bis ein uniformierter Mitarbeiter mit zwei Spraydosen bewaffnet simultan die rechten und linken Sitzreihen einnebelt und die vorgeschriebene Einwirkzeit eingehalten wird. Man hätte es auch für einen hinterhältigen Giftgasanschlag halten können. Leider dauert es dann noch geschlagene zwei Stunden um durch Passkontrolle, Bioscreening und Schnüffelhunde zu kommen, trotzdem schmuggeln wir erfolgreich ein paar Muscheln aus Tonga ein. Besonders beeindruckt das Poster, auf dem eine gewöhnliche Baumwanze abgebildet ist. „Sollten Sie dieses Tier entdecken, melden sie sich bei uns!" Warum nicht gleich: "Wanted. Dead or alive"! In Neuseeland sind 75% der Pflanzenarten und 86% der Vogelarten endemisch, d.h. es gibt sie nur hier und das soll offensichtlich auch so bleiben, denn eingeschleppte Arten verdrängen die heimische Tier- und Pflanzenwelt. Traurige Beispiele sind der Dodo, ein flugunfähiger Riesenvogel, oder die Kiwis (die gibt es zwar noch, allerdings sehr selten). Vielleicht sind den Neuseeländern, die sich selbst gerne Kiwis nennen, deshalb die Kreaturen aus „Der Herr der Ringe" so ans Herz gewachsen. Ohne Witz, hier scheint man sich so sehr mit der Trilogie zu identifizieren, dass man auf dem Flughafen mit „Willkommen in Mittelerde" begrüßt wird. Um diese Schätze zu bewahren und in das phantastische Land einreisen zu dürfen, nimmt jeder Tourist gerne ein paar Stunden Schlange stehen in Kauf. Insbesondere bei den Deutschen steht das Land hoch im Kurs, in der Schlange erspähen wir die ersten Landsleute.

Jucy-Lucy, das bewährte Gefährt in grün, erwartet uns schon vor den Flughafentoren. Das gleiche Modell wie in Australien, nur die Motorisierung scheint etwas besser zu sein. Leider ist ein wichtiges Teil der Schlafbank gebrochen und es gibt keine Campingstühle. Also müssen wir am nächsten Tag noch einmal nach Auckland in die Innenstadt fahren, um selbige zu besorgen. Erst ärgern wir uns sehr, als wir aber im Morgenlicht noch einmal über Aucklands Harbour Bridge fahren, finden wir den Blick überwältigend schön.

Die Stadtteile, durch die wir fahren, sind gesäumt von alten pittoresken Holzhäusern, die an England erinnern und es gibt viele schöne Parks und Museen. Ich für meinen Teil habe mein Herz bereits in Auckland verloren, ohne die spektakulären Landschaften gesehen zu haben. Um die 100 aktive Vulkane schlummern unter Aucklands Oberfläche, ein einziger brodelnder Magmatopf, der von der lieblich-hügeligen Landschaft bedeckt wird. Im Mietwagenbüro statten wir uns mit Kartenmaterial aus und versuchen das kaputte Teil ersetzt zu bekommen, letzteres leider erfolglos. Wie wir das aus Tonga gewohnt sind, müssen wir die Sache wohl selbst in die Hand nehmen und Jan, wer sonst, konstruiert eine Notlösung. Da wir den Tag sowieso zum Einkaufen und Ausrüsten benötigen, gehen wir in den Baumarkt und lassen ein Stück Holz zuschneiden. In Albany, nördlich von Auckland, liegt ein wahres Einkaufsparadies, mit Preisen, die wir aus Deutschland kennen (wir hatten uns schon auf das australische Preisniveau eingestellt und atmen auf...). Neben Lebensmitteln brauchen wir diverse Campingartikel und auch auf diesem Sektor ist das Land unschlagbar. Man könnte meinen, ganz Mittelerde zieht in Gore Tex in die Schlacht. Wir taumeln durch die Sonderangebote und haben Mühe, uns auf das Nötigste zu konzentrieren. Mika wünscht sich schon seit langem eine Angel, hier scheint sie zur

Grundausstattung eines jungen Neuseeländers zu gehören.

Gegen Abend fahren wir, hauptsächlich wegen der Angel, in einen einsamen Naturpark, den sehr empfehlenswerten Wenderholm Regional Park, nördlich von Waiwera. Für wenig Geld dürfen wir in hinreißender Landschaft campen und angeln. Die Angelei wird ein schwieriges Unterfangen, denn im Handumdrehen hat sich die Schnur verheddert und wir versuchen sie eine Stunde lang zu entwirren, bis Jan auf die geniale Idee kommt, sie einfach abzuschneiden – vermutlich machen das Angler so... Wir brauchen dringend einen Experten!

Auf dem Programm für die nächsten Tage steht der nördlichste Zipfel der Nordinsel, dort, wo die Maorikultur ihren Ursprung hat und die ersten Europäer, vornehmlich Engländer, siedelten.

Das Allgäu mit den Füßen im Wasser

Northland, Rundtrip nördlich von Auckland, 15-21.Oktober

Jan findet eine gute Formulierung für die Landschaft des Nordlandes: „Das Allgäu mit den Füßen im Wasser", denn genauso ist unser erster

Eindruck. Es scheint, wir sind im Alpenvorland (Hügel, Kühe, Tannen), wäre da nicht auf beiden Seiten des Nordlandes die Küste mit atemberaubenden Ausblicken auf die vorgelagerten Inseln – und ab und zu eine Palme auf der Weide. Wir fahren immer weiter nordwärts am Meer entlang und wandern an einsamen Stränden bei den Mangawhai Heads und Waipu. Wäre das Wasser nicht so furchtbar kalt, möchte man sofort hineinspringen. Jetzt im Frühjahr ist es menschenleer, ideal für Strandspaziergänge, zum Muscheln sammeln und um sich den Wind um die Nase blasen zu lassen. Den Campingplatz in Waipu Cove haben wir ganz für uns allein (wer campt schon Mitte April auf der Südhalbkugel?), also bleiben wir gleich zwei Nächte. Wir brauchen die Zeit auf dem Campingplatz, denn es sind viele E-Mails von zu Hause noch unbeantwortet und wir müssen noch so einiges für die Reiseroute in Chile und Argentinien organisieren. Jan und ich haben Bedenken, dass die Zeit nicht ausreicht, um wie geplant bis ins südliche Patagonien zu fahren.

Es ist stockdunkel in der nahe bei unserem Zeltplatz gelegenen Höhle. Wir tasten uns mit unseren Taschenlampen mühselig vorwärts, bis Mika plötzlich ein kleines grünes Leuchten entdeckt: Glühwürmer! Mit jedem Meter werden es mehr und zum Schluss sind alle Lampen aus, wir stecken 200 m tief im Berg und starren an die mit tausenden von Glühwürmern beleuchtete Decke. Wie ein Sternenhimmel oder die Milchstraße! Je weiter wir in die Höhle gehen, desto mehr sehen wir. So ein spektakuläres Abenteuer haben wir nicht erwartet, als wir 15 Minuten vorher über eine Kuhweide stolpern und den Höhleneingang suchen. Nele und Mika sind fasziniert, nur mir wird nach einer Weile mulmig zumute. Ich denke an die seismische Aktivität in dieser Gegend, was natürlich paradox ist. Seit hunderten von Jahren kennt man die Waipu Cave und sie ist immer noch da. Ich steige trotzdem lieber zu tonnenschweren Walen in den tiefen Ozean, als in einer Höhle zu übernachten.

Nach diesem Höhlenritt geht es weiter in die bekannte Bay of Islands, in der es von kleinen Inseln nur so wimmelt. Hier kann man mit Delfinen schwimmen und viel über deren Lebensweise erfahren. Allerdings finden wir den Preis für die 4-stündige Fahrt überteuert und das Wetter nicht optimal, also schlendern wir ein bisschen herum und buchen nicht. Das ist gut so, denn am nächsten Morgen regnet es in Strömen, etwas später schüttet es wie aus Eimern. Es wird eng im Camper, also beschließen wir einfach weiterzufahren. Bereits nach 5 km sichten wir einen Markt mit überfülltem Parkplatz. Es ist Samstagmorgen und die in dieser Gegend ansonsten eher spärliche Anzahl an Fahrzeugen lässt auf eine interessante Veranstaltung hoffen! Wir sind in Kerikeri, einem beschaulichen Ort hoch im Norden. Das Spektakel erinnert uns irgendwie an den Adventsbazar der Waldorfschule, nur dass das Publikum etwa 30 Jahre älter ausfällt. Es gibt jede Menge selbst angebaute organische Produkte, massenhaft Kunstgewerbe und Essstände. Beim Kauf eines Beutels Bio-Mandarinen treffen wir prompt auf ein deutsches Auswandererpaar aus dem Bankgewerbe, das sich hier zur Ruhe gesetzt hat, geruhsam Orangen anbaut und uns Insider-Tipps gibt. Damit ist der Regentag gerettet! Zuerst fahren wir in ein historisches Maori-Fischerdorf und bewundern die aus Kauri-Stämmen gebauten Kanus und Hütten, danach hat man uns ein geothermales Badeparadies empfohlen. Kerikeri scheint eine Vorliebe für Hähne zu pflegen, denn sie begegnen uns bei jeder Gelegenheit, teilweise fallen sie regelrecht über unseren Camper her. Ich behaupte einfach mal, dass das etwas mit dem Kikeriki des Hahns zu tun hat – vielleicht weil am frühen Morgen lautstark der Ortsname durch die Gegend posaunt wird, ohne auf müde Camper Rücksicht zu nehmen!

Dann folgt der Höhepunkt des Nachmittags: ein Bad im Geothermal-Pool in Ngawha, ein Ort, den wir alleine nie gefunden hätten. Der Badespaß funktioniert so: Es gibt verschiedene kleine Becken, gefüllt mit warmem, braunen (heilenden) Wasser, das aus der Erde sprudelt. Wir fangen bei 37 Grad an und arbeiten uns langsam hoch, während uns die Köpfe nass regnen. Die Pools haben komische Namen, „Bulldog" oder „Doctor", die beiden genannten sind so heiß, dass wir nur den Zeh hineinstecken, sonst brauchen wir wirklich einen Arzt. Die Anlage ist sehr einfach gestaltet, so gibt es z.B. keine Duschen, aber wir werden von oben geduscht, denn inzwischen regnet es gewaltig. Wieder im Auto, verströmen alle den Geruch einer Packung Streichhölzer. Da es immer weiter regnet, entschließen wir uns, durchs Landesinnere gleich weiter bis an die Nordspitze zu fahren. Den berühmten 90-Mile-Beach kann man die gesamte Strecke hinauf- oder herunterfahren, Allradantrieb vorausgesetzt. Jucy-Lucy ist leider schon mit einer Schotterpiste überfordert, daher fahren wir auf der offiziellen Straße Richtung Kap Reinga, wo der Pazifik und die Tasmanische See aufeinander treffen. Wir erkunden die Strände rechts und links der Straße, kilometerweit keine Menschenseele, dafür tosendes Meer und sehr viel Sand.

Südwärts auf der Westseite des Nordlandes wird es noch einsamer, Kuhweiden reihen sich an Kuhweiden, dazwischen die uns aus Deutschland bekannte Nadelbaum-Monokultur. Wo sind eigentlich die für Neuseeland so typischen Schafe? Bei Hokianda wird die Landschaft dann immer abwechslungsreicher. Wir überqueren einen breiten Fjord per Fähre und wandern auf einen tollen Aussichtspunkt mit Sanddüne, die auch gerne „besurft" wird. Dann geht es weiter in die Kauri-Wälder, zu den letzten noch lebenden Baumriesen Neuseelands. Inzwischen ist das Gebiet, in dem sich die Bäume befinden, Nationalpark und wird von den Maori verwaltet. Das ist auch gut so, denn es gibt nicht mehr viele dieser Urwaldriesen, die den Maori heilig sind. Der größte von ihnen, „Tane Mahuta" (der Gott des Waldes) ist über 50 m hoch und hat einen Umfang von 16 m! Mit den Kauri-Bäumen wurde der ganze Wald unter Schutz gestellt, und so fahren wir 20 km durch unberührten Urwald. Erst jetzt realisieren wir, wie stark der Mensch die Landschaft in Neuseeland durch seine Besiedlung im 19. Jahrhundert verändert hat. Ohne uns gäbe es hier kein Allgäu mit den Füßen im Wasser.

Tanz auf dem Vulkan

Coromandel – Tongariro – Wellington, Nordinsel, 22.-30. Oktober

In Waiwera, 60 km nördlich von Auckland, entdecken wir ein Thermalschwimmbad, das es in sich hat – der heißeste Pool hat 48 Grad und nur

Japaner trauen sich da hinein! Die Anlage hat aber noch mehr zu bieten: Aus schwindelerregender Höhe wird man über lange Wasserrutschen mehr oder weniger unsanft ins warme Wasser katapultiert. Da gibt es keine Bremsmöglichkeit und man überlässt sich am besten seinem Schicksal, insbesondere weil die warme Wasserwanne nach der Bibberei in der Warteschlange sehnlichst erwartet wird. Schlange stehen passt eigentlich nicht zu Neuseeland, denn hier ist es eigentlich nie richtig voll, außer heute, als wir beschließen unsere nächste Reiseetappe mit einem ruhigen Badetag und anschließender Grundreinigung zu beginnen: Bei unserer Ankunft gegen 10 Uhr ist das Bad bis auf ein paar Rentner wie leer gefegt. Der Kommentar an der Kasse: „Nehmen sie lieber ein Schließfach, heute wird es voll!", nehmen wir mit Verwunderung zur Kenntnis. Ungefähr eine halbe Stunde später, als wir uns nichts ahnend im wohltemperierten Wasser aalen, geht plötzlich die Tür zum Notausgang auf und eine Dame begrüßt uns mit einem gequälten "sorry". Ihr folgen etwa 200 pubertierende Collegeschüler aus Oriwa. Schnell werden alle Becken und Rutschen bevölkert, der Kiosk geplündert und das Schwimmbad platzt aus allen Nähten. Nun wird auch klar, warum das Großaufgebot an Bademeistern vor Ort ist. Wir reihen uns in die Veranstaltung ein und betrachten das Ganze als Sozialstudie. Jan ist froh, diesmal nicht disziplinarisch tätig sein zu müssen. Gegen 3 Uhr verabschiedet sich die Lehrerin mit den Worten „und es ward Frieden" und so war es dann auch. Offensichtlich waren in der Zwischenzeit alle anderen Badegäste geflüchtet und wir sind wieder ganz alleine. Auch die Badeaufsicht zeigt an uns nur mäßiges Interesse, so genießen wir die Ruhe und rutschen ohne Anstehen. Da nun alle so schön sauber gebadet sind, bietet sich ein weiteres Highlight in Sachen Wellness an: der „cut to go" für 10 Dollar (= 6 Euro). Zugegeben, wir schicken Mika vor, der es aus unserer Sicht am nötigsten hat. Die Barber Shops sind alle fest in indischer Hand und ich habe schon ein bisschen ein schlechtes Gewissen, als ich sehe, wie der von uns auserwählte Friseur seine Schere zückt und Mika in unglaublicher Geschwindigkeit (8 Minuten!) eine süße Kiwi-Boy-Frisur zaubert. Das Ergebnis kann sich sehen lassen!

Nach der ersten Woche im Norden überlegen wir, wie es weiter gehen soll. Vielleicht sind wir verwöhnt vom wilden, tierreichen Australien, denn die atemberaubenden Landschaften haben wir im äußersten Norden Neuseelands noch nicht gefunden. Dafür das ein oder andere Kleinod, wie den Wenderholm Regionalpark, den wir zu Mikas Freude auf dem Rückweg gen Süden noch einmal zum Übernachten besuchen.

Alle Kiwis (=mit Stolz getragene Bezeichnung für den Neuseeländer im Allgemeinen) versichern uns, dass die Südinsel noch schöner als die Nordinsel sei, also greifen wir tief in die Tasche und buchen die Fährüberfahrt zur Südinsel für den 30.10. Uns bleibt nun nur noch eine Woche bis dahin und wir beschließen, auf die Coromandel Halbinsel östlich von Auckland zu fahren. Bereits bei der Anfahrt merken wir, dass die Berge in Coromandel wesentlich höher sind als im Nordland. Wir übernachten in Thames, einer ehemaligen Goldgräberstadt, die immer noch einen Hauch von Nostalgie versprüht. Früher versuchten hier 10.000 Goldgräber ihr Glück, heute sieht man noch viele der alten Gebäude und es gibt die Möglichkeit, selbst nach Gold zu schürfen. Am Morgen sind wir die ersten und einzigen Besucher beim "Gold Mining Experience", wo uns ein netter älterer Herr durch die verlassenen Stollen führt und sehr genau erklärt, wie vor 150 Jahren an dieser Stelle Gold abgebaut und weiterverarbeitet wurde. Die Anlage ist noch so gut erhalten, dass man sich vorstellen kann, wie mühevoll der Goldabbau damals gewesen sein muss. Wir erfahren, dass ganz Coromandel von Minen durchzogen ist und das in Wairi, 30 km südöstlich, auch heute noch Gold und Silber abgebaut wird. Allerdings scheinen die meisten Kiwis nichts davon zu halten, denn man sieht überall Schilder mit dem Hinweis, den Abbau zu stoppen.

Am Nachmittag geht es weiter nach Coromandel Town, ganz im Norden der Halbinsel. Hier sollte man unbedingt Muscheln probieren, die in der benachbarten Haukari Bay frisch geerntet werden. Also stoppen wir und gönnen uns ein paar der leckeren Meeresfrüchte, obwohl Jan eigentlich der einzige ist, der Muscheln mag. Wir kosten alle und stellen fest, dass sie wirklich sehr lecker sind. Die unbefestigte Road 309 führt über 20 km durch die Berge nach Whitianga, unserem nächsten Ziel. Leider können wir sie nicht befahren, denn Jucy-Lucy verträgt keine Schotterpiste, was nach den ersten 5 km nicht zu überhören ist (irgendetwas hat sich in den Motorraum geschlichen und verursacht unmenschliche Quietschgeräusche). Das alles nur, um "The Waterworks" zu besuchen, ein Park, in dem aus Gebrauchsgegenständen wasserbe- triebene Maschinen gemacht wurden, welche der Mensch dann mit viel Spaß und Muskelkraft betreiben kann. Man kann sich das Ganze wie eine große Petterson & Findus Ausstellung vorstellen. Um Kosten zu sparen, gehen nur Nele und Mika hinein, beide amüsieren sich köstlich. An diesem Tag übernachten wir sehr teuer auf dem Campingplatz in Coromandel Town, hoch oben im Norden der Halbinsel. Ein schönes altes

Städtchen, das mit vielen Cafes, Restaurants und mit besagten Muscheln in allen Variationen (geräuchert, gekocht, paniert) aufwarten kann.

Den folgenden Tag beginnen wir zerknirscht, denn unser Auto schleift, scheppert und quietscht immer noch erbärmlich. Außerdem fällt das Thermometer nachts auf unter 5 Grad, so dass wir zum ersten Mal richtig frieren. Dafür ist der Himmel strahlendblau, und so entschließen wir uns zu einer Bootstour entlang der vulkanischen Steilküste von Whitianga. Das Auto allerdings macht Anstalten, uns dort nicht ankommen zu lassen! Schließlich fahren wir völlig entnervt einfach weiter, schon darauf eingerichtet, eine Werkstatt aufsuchen zu müssen. Dann plötzlich, wie durch ein Wunder, ist Ruhe und das Auto schnurrt wieder wie zuvor. Die Sonne scheint, als wir aufs Boot gehen, aber der Wind ist sehr kalt. Da noch keine Hochsaison ist, haben wir das kleine gelbe 300 PS starke Boot mitsamt Kapitän fast ganz für uns allein. Wie ein Pfeil zischt das Boot über das Wasser und wieder kommt unsere 5-lagige Patagonien-Ausrüstung voll zum Einsatz. Die Aussicht ist toll, denn die gesamte Region ist vulkanischen Ursprungs, so dass eine Felsküste aus Vulkanasche entstanden ist, die phantastische Formen aufweist. Es ist Sonntag und wir haben noch vier Tage bis zur Fähre auf die Südinsel, zwei Stopps stehen noch auf dem Programm:

„Hobbiton", der Ort des Müßiggangs von Bilbo Beutlin aus dem kleinen Hobbit, und der Tongarino Nationalpark, eine grandiose Vulkanlandschaft, die es zu erwandern gilt. Einer der Vulkane wurde zum Schicksalsberg in „Der Herr der Ringe".

Vorher besuchen wir aber noch den legendären Hot Water Beach, an den bei Ebbe Massen von mit Schaufeln bewaffneten Menschen strömen und sich Löcher zum Baden in den Gezeitenschlick graben. Zwei Stunden vor und nach Niedrigwasser spielt sich hier ein wirklich interessantes Spektakel ab, denn die sich auf einer Fläche von vielleicht 500 Quadratmetern befindenden heißen Quellen unter dem Sand werden schnell belagert. Ein jeder gräbt sich seine eigene Badewanne und verweilt darin nach Belieben. Wir gehen auch, haben aber keine Schaufel und erkunden die Sache mit den Fußspitzen. An manchen Stellen reichen schon ein paar Zentimeter, um sich anständig die Füße zu verbrennen. Es macht einfach Spaß, dem Treiben am Strand zuzuschauen, denn hier trifft wirklich alles auf höchst amüsante Weise aufeinander: Touristen (insbesondere asiatische, die, wie wir inzwischen wissen, wesentlich wärmeresistenter sind als der durchschnittliche Mitteleuropäer), einheimische Voyeure, Rettungsschwimmer mit Spezialisierung auf Brandwunden, mit Schlamm

experimentierende Kleinkinder usw. – ein herrlicher Spaß, der, im Gegensatz zu den meisten
Attraktionen, nichts kostet. Wir können uns gar
nicht trennen, müssen aber weiter nach
Matamata, wo das Auenland aus dem „kleinen
Hobbit" liegt. Einem Bauern fiel das große Glück
buchstäblich aus heiterem Himmel zu: Auf der
Helikopter-Suche nach einem geeigneten Drehort,
wurde ausgerechnet seine Schaf-Farm
ausgewählt. Selbst Matamata profitierte, denn
200 Einheimische wurden als Statisten
angeheuert – ob das Format der Füße bei der
Auswahl eine Rolle spielte, können wir leider
nicht herausfinden. Heute kann man das Paradies
der kleinen Feinschmecker mit den breiten,
behaarten Füßen in nur zwei Stunden besichtigen.
Nele und Mika haben das Vergnügen eines
Besuchs, Jan und ich verzichten mit Rücksicht auf
unsere Reisekasse. Wir finden es sehr lässig, dass
es in Neuseeland nie ein Problem ist, die beiden
alleine auf Touren zu schicken. Zudem sind die
Kinderpreise oft erheblich reduziert. In
Deutschland hätte man vermutlich immer auf der
Begleitung eines Erziehungsberechtigten
bestanden. Während die zwei das Auenland
erkunden, bummeln wir durch Matamata und
umrunden den Film-Ort per Camper. Wir
verstehen sehr gut, dass ausgerechnet dieser Ort
ausgewählt wurde.

Als wir die beiden abholen, fängt es leider wieder an zu regnen. Wir fahren weiter in Richtung Taupo, welches von großen Geothermalfeldern umgeben ist. Südlich von Taupo befindet sich der Tongariro Nationalpark, eines unserer Traumziele in Neuseeland. Über eine Hochebene gelangt man zu drei noch aktiven Vulkanen, die von Kraterseen umgeben sind. Die von uns geplante Wanderung (Tongariro Alpine Crossing) gehört zu den spektakulärsten Wanderungen weltweit. Allerdings ist die rund 7-stündige Tageswanderung auch sehr anspruchsvoll und wir wissen nicht, ob Mika das schafft. Bereits während der Anfahrt in den Park schüttet es wie aus Eimern, wir sehen nichts als Nebel. Abends auf dem unter Wasser stehenden Campingplatz ermuntert uns der Platzwart dennoch gleich früh am nächsten Morgen um 6 Uhr aufzubrechen, denn es ist eine sonnige Wetterlage bis in den Nachmittag angesagt. Am nächsten Morgen kriechen wir um 5.45 Uhr aus dem Auto, es hat tatsächlich aufgehört zu regnen und scheint aufzuklaren! Ein schneller Kaffee auf die Hand, dann geht es gleich los zum Nationalpark-Parkplatz – die Kinder liegen noch in ihren Schlafsäcken. Bereits bei der Anfahrt bemerken wir, dass sich das frühe Aufstehen gelohnt hat. Die drei Vulkane, darunter der Schicksalsberg aus dem Herrn der Ringe, schälen sich aus dem Frühnebel und leuchten, von der Sonne angestrahlt, um die Wette. Um 7.00 Uhr sind wir bereits am Startpunkt der Wanderung und laufen durch schwarze Lavafelder auf eine unwirtliche Hochebene, auf der Flechten und Moose ums Überleben kämpfen. Der Boden ist noch gefroren und wir sind froh über unsere Outdoor-Ausrüstung, denn später, am Kraterrand, überfällt uns ein eisiger Wind. Mika ist ganz wild darauf, auf einem Vulkankrater zu stehen und spurtet über den Pfad. Wir müssen ihn bremsen, denn der noch vor uns liegende Höhenanstieg auf den Krater hat es in sich. Im Laufe des Morgens kommen immer mehr Wanderer, erst jetzt realisieren wir, wie populär der Tongariro Alpine Crossing Track ist. Zeitweise wird es richtig voll, immer mehr Wanderer brechen auf und nutzen die kurze Schönwetterphase. Wir schaffen es tatsächlich und genießen den Blick auf eine bizarre Mondlandschaft, deren Farben und Formen uns die Naturgewalten nur allzu deutlich vor Augen führen. Tatsächlich ist das Gebiet, durch das wir wandern, das vulkanisch aktivste in Neuseeland, Warntafeln informieren Besucher ständig über seismische Aktivitäten. Besonders beeindruckend wird es ganz oben am Kraterrand, wo man sich die eiskalten Hände über heißem Wasserdampf wärmen kann. Auf dem Rückweg merken wir, wie viel wir eigentlich gelaufen sind. Bei der Ankunft, nachmittags um 15 Uhr, schmerzen uns allen die Beine, außer Mika natürlich! Wir fahren weiter nach Whitianga und beschließen, mal wieder einen Wasch- und Einkaufstag einzulegen, bevor wir von Wellington aus auf die Südinsel übersetzen.

Futterneid

Picton – Able Tasman Nationalpark, 30. Oktober - 5. November

Immer wieder erfreue ich mich an den sprachlich-kulturellen Unterschieden zwischen Deutschland und Neuseeland. Heute z.B. wurde mir das Fährticket in der Warteschlange mit einem hinreißenden "Beautiful" aus der Hand genommen. Oder gestern, als mir beim Einräumen unserer Einkäufe auf dem Parkplatz ein nüchternes: „Pass auf, dass ich dir nicht den Hintern abfahre, Sweetheart!" beim Vorbeigehen zugesäuselt wurde. Wohlgemerkt, es handelte sich dabei um eine Dame mittleren Alters im noblen Mittelklassewagen! Was das Kommunizieren im Wattebausch angeht, ist uns diese Nation weit überlegen. Auch in Australien wird gekonnt mit Sprache motiviert, jedoch sind die Aussagen nicht so dezent verpackt wie hier.

Nun warten wir gespannt auf die Einschiffung zur Südinsel – schließlich verspricht die Werbebroschüre eine kleine Kreuzfahrt durch die Fjorde. Beim Auslaufen bietet sich ein schöner Blick auf Wellington, welches wir erst einmal links liegen lassen. Die Südinsel und der berühmte Abel Tasman Track rufen zu einer 4-tägigen Wanderung mit Hüttenübernachtung. Vorerst muss aber noch die Cook Strait, die Meerenge zwischen Nord- und Südinsel, passiert werden. Hier kann es manchmal ungemütlich werden, doch wir haben Glück, denn der Himmel ist wieder strahlend-blau und das Meer ruhiger, als wir dachten. Es wird eine angenehme Überfahrt und der Anblick bei der Einfahrt in den Fjord raubt uns den Atem. Auf der Fähre spricht uns Jonas an, der gerade Abi gemacht hat und nun zwei Monate Kiwis ernten geht. Überhaupt haben wir auf manchen Campingplätzen den Eindruck, dass sich der halbe Abiturjahrgang aus Deutschland gerade in Neuseeland tummelt.

Wir übernachten direkt in Picton, dem Ort an dem die Fähre anlegt und es gibt gute Nachrichten aus Deutschland: Unser zweites Thailand-Paket ist angekommen! Am nächsten Tag fahren wir gemütlich mit dem Auto über den Queen Charlotte Drive, am gleichnamigen Fjord entlang. Die Landschaft erinnert ein bisschen an Norwegen. Weiter nördlich ist der Hafen von Nelson besonders schön und so planen wir, dort etwas mehr Zeit auf der Rückfahrt zu verbringen.

Vielleicht mit kalorienreichen Fish and Chips, die nach vier Tagen wandern, „heißen Tassen" und Müsliriegeln sicher gut tun. Das Örtchen Motueka ist unser letzter Versorgungsstopp vor der Wanderung im Abel Tasman Nationalpark. Wir buchen den Boottransfer, bereiten alles vor und entspannen noch einmal 2 Tage bevor es losgeht. Das Trekking-Konzept ist ganz einfach: Man wird in einer Bucht des Abel Tasman Tracks ausgesetzt, wandert dann von Hütte zu Hütte, und lässt sich einige Tage später wieder abholen. Allerdings muss man alles für unterwegs mitbringen, denn die Unterkünfte sind nicht bewirtschaftet. Wir sind bepackt mit Schlafsack, Wasser, Instantnudeln, Milchpulver, Schokolade, Müsli und Brot für vier Tage. Dazu kommen noch der Kocher, Ersatzgaskartusche, Kochutensilien u.v.m. In Marahau, dem Startpunkt der Tour angekommen werden wir erst per Traktor, dann per Boot zur Torrent Bay gebracht und dort im knietiefen Wasser wie Robinson Crusoe ausgesetzt. Die erste Etappe bis nach Bark Bay verläuft noch entspannt, wir kommen bereits gegen 16 Uhr in der Nationalpark-Hütte an und suchen uns ein Bett im Matratzenlager. Die Unterkünfte sind sehr einfach, aber phantastisch gelegen. Es gibt keinen Strom, dafür aber einen Holzofen und eine Toilette samt Freiluftdusche im Wald. Auf dem Weg passieren wir immer wieder herrliche Strände, der Weg schlängelt sich hinauf und hinunter. Die Hütte ist bereits gut gefüllt und die ersten Wanderer packen ihre Gaskocher aus. Als der Ranger seinen Kontrollgang macht, werden wir von ihm auf ein weiteres 6er-Zimmer hingewiesen, das sich an der Rückseite der Hütte befindet. Schnell und unbemerkt ziehen wir um und haben schließlich das Zimmer ganz für uns allein. Draußen regnet es inzwischen heftig, gut, dass wir nicht im Zelt schlafen müssen! Von Bark Bay geht es am nächsten Tag weiter nach Awaroa, es erwartet uns eine wunderschöne Wander-etappe. In der Nacht hat es sich abgeregnet und nun strahlt die Sonne vom Himmel. Um 8.30 Uhr starten wir in den Urwald und an einsame Strände. In der Nähe des Bootsanlegers in Awaroa steht überraschenderweise ein Hinweisschild: „Cafe". Unglaublich, da wäre ja ein unverhoffter Kaffee und womöglich eine Süßspeise in Aussicht! Wir folgen dem Wegweiser und kehren ein.

Während wir unterwegs sind, treffen wir immer wieder auf die unterschiedlichsten Menschen, insbesondere viele junge Abiturienten, die in der Selbstfindungs-Phase sind oder die Zeit bis zum Studium mit Arbeiten und Reisen überbrücken. Wir gehören ganz offensichtlich zum alten Eisen und sind froh und dankbar, noch genauso reisen zu können, wie wir es vor 25 Jahren getan hätten. Vieles von dem, was wir bisher erlebt haben, wäre später in unserem Leben aus konditionellen

Gründen vielleicht nicht mehr möglich. Die Wanderung ist anstrengend und unsere Kinder sind hochmotiviert – es ist schön zu sehen, wie viel in ihnen steckt.

In Awaroa sind wir nur zu siebt in der Hütte, ein Ehepaar aus Brisbane, eine junge Deutsche und wir. Alle sind sich auf Anhieb sympathisch, also machen wir ein gemütliches Feuer und genießen den grandiosen Ausblick vor der Hütte. Mika sucht nach Steinen und lädt alle zur Mineralien-Ausstellung ein. Als wir uns trennen, tauschen wir noch Adressen aus, denn für uns geht es weiter Richtung Norden, die anderen steuern das besagte Kaffee im Süden an. Die dritte Etappe ist am härtesten und zu allem Unglück können wir in Awaroa erst um 13 Uhr los, denn wir müssen auf Niedrigwasser warten, um die nächste Bucht zu durchqueren zu können. Obwohl wir es bis 20 Uhr zur nächsten Hütte in Wharwarangi schaffen müssten, versuchen wir bereits um 12.30 Uhr den Estuar, ohne Hosen und mit Mika huckepack, zu überqueren. Diese Etappe hat es in sich, aber sie ist auch die schönste von allen. Die Strände werden immer paradiesischer, der dahinter liegende Wald immer faszinierender! Wir müssen immer wieder bergan und bergab laufen und passieren auf diese Weise wunderschöne Buchten. Eine Stunde vor unserer Ankunft sind alle richtig erschöpft, nur die letzten

Schokoladenvorräte können noch motivieren. Der Weg auf die andere Seite der letzten Bergkuppe zieht sich unendlich in die Länge und die Beine schmerzen. Endlich angekommen, gibt es zum Glück wieder ein Matratzenlager ganz für uns allein. Die im Original erhaltene Hütte war bis zum Ende des 19. Jahrhunderts die Farm der ersten Siedler dieser Bucht. Ein wahres Kleinod. Abends im Kerzenschein sitzen wir mit zwei Israelis und einem Deutschen über den spärlichen Essensvorräten. Erste Anzeichen von Futterneid machen sich bemerkbar. Als der letzte Morgen anbricht, fallen auch die letzten Müslivorräte komplett dem Frühstück zum Opfer.

Wir laufen über einen kleinen Umweg an der Küste entlang zurück zum Bootsableger in Toretanui. Der Abstecher zum "Separation Point" lohnt sich. Dort versuchen Naturschützer, Basstölpel zum Brüten zu animieren, mit Attrappen und fragwürdiger akustischer Untermalung. Dies ist der äußerste, meerumtoste Zipfel des Nationalparks und daher wie geschaffen für diese wunderschönen Vögel. Wir sehen viele Basstölpel am Himmel kreisen, jedoch kein Nest. Dafür gibt es hier Seerobben, die im Wasser spielen und sich beim Sonnenbad von uns nicht stören lassen. Zwei davon, Mutter und Baby, liegen uns quasi vor den Füßen in einer geschützten Felsnische direkt neben dem Pfad.

Ein krönender Abschluss unserer Tour! Nach weiteren fünf Stunden sind wir in Toretanui, verspeisen glücklich den allerletzten Müsliriegel und sehen die versprochenen Fish & Chips in erreichbare Ferne rücken. Das Taxi-Boot, das uns am Strand abholt, hat aufgrund des starken Seegangs Mühe, nahe genug an den Strand zu kommen. Wir werden nass bis zur Hüfte. Der Skipper an Bord der Aluminium-Nussschale entschuldigt sich mit den Worten "the way back will be a little bit bouncy!" Der Rückweg an der gesamten Küste entlang wird tatsächlich zur Achterbahnfahrt.

Down on the West Coast

Westland, Südinsel, 6.-11. November

Beim täglichen Einkauf ist es wie in Deutschland: Kaum sind die Halloween-Gruselartikel aus den Regalen verschwunden, trifft man überall auf vorweihnachtliche Produkte, vornehmlich aus Schokolade. In Neuseeland ist Cadbury das Pendant zu Milka und das Sortiment ist auffallend ähnlich. Irgendwie passen die von Schnee dominierten Motive nicht zum Publikum im Supermarkt. Kiwis lieben es, barfuß einkaufen zu gehen. Selbst wenn ein längerer Aufenthalt vor der Fleischtheke zu Erfrierungen führt, sie würden es sich wahrscheinlich nicht anmerken lassen.

Gemächlich tuckern wir Richtung Westküste und sind dabei immer noch irgendwie erschöpft. Es ist „der Tag danach" (der Wanderung) und genauso fühlen wir uns auch. Zum ersten Mal stellen wir panisch fest, dass nur noch 2,5 Wochen auf der Südinsel verbleiben, wir aber noch so viel vorhaben. Vor der Reise hatten wir uns den Aufenthalt in Neuseeland sehr geruhsam vorgestellt und sogar zwei Wochen "Homesitting" in Erwägung gezogen, aber hier gibt es so viel zu entdecken, wir kommen einfach nicht zur Ruhe und beschließen, uns auf ein paar wenige Highlights zu konzentrieren.

Von Richmond aus geht es durch die Buller Gorge nach Westport, an die spektakuläre Westküste der Südinsel. Der erste Teil der Strecke führt durch Farmland und ist sehr monoton, vor allem, weil man hier Spaß am großflächigen Roden und Wiederaufforsten von Kiefernwäldern zu haben scheint. Die sonst so auf Naturschutz bedachten Neuseeländer gehen mit der Rodung ihrer Waldflächen äußerst rabiat zur Sache. Weiter südlich wird es gebirgig und wir folgen dem wunderschönen Tal der Buller, schwanken über die längste Hängebrücke Neuseelands und starren auf die tosenden Fluten. Ein faszinierendes Flusstal erstreckt sich vor uns und wir können nicht anders, als einfach nur dem Fluss zu folgen. In Westport angekommen, zählt die Seerobbenkolonie am Cape Foulwind zu den Top-Zielen dieser Region. Man kann von einer Plattform aus zusehen, wie die Tiere aus dem Wasser watscheln oder sich um den besten Ruheplatz zanken. Auf der Weiterfahrt nach Punakaiki schweift der Blick über atemberaubende Küstenabschnitte. Wild prallt die Tasmanische See auf das Land und formt z.B. die Pancake Rocks, aus Dolomit geformte Felsen, die an Pfannkuchen erinnern. Leider interessieren sich die meisten Touristen nur mäßig für die anderen Attraktionen dieser Gegend. Wir dagegen tasten uns mal wieder (ganz allein) durch eine tolle Höhle und erforschen ein wildes Flusstal, das schon fast tropisch anmutet. Nach einigem Hin und Her über den weiteren Verlauf der Reise, fällt unsere Wahl auf die Kleinstadt Greymouth und die in der Nähe liegende "Shanty Town", eine Attraktion für Mika. Das Goldgräberstädtchen aus dem Jahre 1860 wurde bis ins kleinste Detail originalgetreu nachgebaut, samt Dampflokfahrt ins Holzfällergebiet und Goldwaschen! Mikas Begeisterung ist grenzenlos. Besonders faszinierend finden wir das Krankenhaus mit Zahnarzt (sofort werden wir an unsere ausschweifenden Zahnbehandlungen vor der Reise erinnert) und das Lebensmittelgeschäft. Fast fällt der Ausflug ins Wasser, denn Mika stößt nach einem Sturz einen dermaßen herzzerreißenden Schrei aus, wir vermuten zuerst einen Armbruch. Glücklicherweise ist es aber nur eine Schürfwunde. Beim Goldwaschen sind alle sehr geschickt, so dass sich der wortkarge Goldschürfbetreuer sogar zu einem Pläuschchen über die deutschen Goldreserven in den USA hinreißen lässt (man erinnert sich, Angie hätte sie gerne sehen wollen...). Unser mühevoll geerntetes Gold wird dann in ein kleines Gläschen abgefüllt und feierlich überreicht. Abends, nachdem wir den ganzen Strand ausdauernd nach Jadesteinen durchwühlt haben, gibt es mal wieder Fish and Chips, diesmal in Hokitika, denn nirgends sonst kann man so günstig den Nationalsnack der Kiwis kosten, stilvoll und nachhaltig in Zeitungspapier verpackt!

Weiter geht es über Greymouth zum Franz-Josef-Gletscher, benannt nach dem Kaiser von Österreich-Ungarn. Leider schlägt das Wetter um und wir spazieren im seichten Regen bis zur Gletscherzunge. Die Gletscher in Neuseeland werden ständig von Regen oder Schnee gespeist und wandern viel schneller als andere Gletscher (1 bis 5m am Tag!). Es ist gefährlich nahe heranzugehen, denn selbst auf dem Wanderweg rollen uns Steine entgegen. Die Wanderung zum

Franz-Josef ist ein „Muss" für jeden Neuseelandbesucher und so treffen wir auf dem Weg tatsächlich zehn Menschen, die wir von einer anderen Begegnung bereits kennen. Die Kiwi-Welt ist ein Dorf und wir sind mittendrin! Für die anberaumten 1,5 Stunden zum Gletscher und zurück brauchen wir die doppelte Zeit. Manche Reisende treffen wir sogar mehrfach wieder, wie z.B. ein abgehärtetes Ehepaar in ihren 70ern aus Cornwall, das gerade mit Vergnügen sein Erbe verlebt. Die beiden haben sich neben dem Wohnmobil auch noch Fahrräder gemietet und sind erstaunlich rüstig unterwegs. Gletscher Nummer 2, der Fox Gletscher, liegt nur ein paar Kilometer entfernt und so schauen wir auch dort vorbei. Leider hat sich der Regen verschlimmert und auch für die nächsten Tage gibt es keine Aussicht auf Besserung, ein für die Westküste typisches Wetter. Wir machen das Beste daraus und fahren zum Aussichtspunkt, um zumindest ein schönes Foto zu ergattern. Danach geht es gleich weiter zur Whitebait Imbissbude. Eine Masse an wurmartigem Material (kleine, dünne Fischchen), eingelegt in Eigelb, wird auf den Barbecue-Grill geklatscht und zu einem Fladen festgebacken. Nach zwei Minuten wird das Ganze auf eine Scheibe Toastbrot drapiert und für neun Dollar an den Mann/die Frau gebracht. Wir betrachten die gerade entstehenden Fish-Patties skeptisch, als wir bei der Zubereitung zusehen.

Der erste Biss in den Fladen lässt dann auch uns verstehen, warum die Kiwis so unglaublich wild auf Whitebait sind. Den Bis-auf-die-Haut-nass-Spaziergang heben wir uns für den Nachmittag auf: Auf dem Weg nach Haast gibt es eine Wanderung durch dichten Regenwald zu einem Strand, an dem Dickschnabelpinguine nisten. Diese Art ist sehr selten und es gibt sie nur noch in Neuseeland. Wir versuchen es mit Regenjacken plus Poncho und stapfen los. Nach einer Stunde erreichen wir den wildtosenden Kiesstrand und legen uns pitschnass auf die Lauer. Es dauert ungefähr 30 Minuten, bis wir ein kleines weiß-schwarzes Wesen aus der Brandung an den Strand taumeln sehen. Zweimal wird es vom Wasser wieder zurückgerissen, dann stapft es in der für Pinguine typischen, verzückenden Art hinter den Felsen. Beglückt machen wir uns auf den Rückweg, der aufgrund der fortschreitenden Nässe ziemlich unangenehm wird. Den Rest des Tages verbringen wir mit Trocknungsversuchen unserer Hosen und Schuhe auf dem Campingplatz in Haast.

„Brot gibt's erst ab 1 pm" lautet die Aussage im einzigen Lebensmittelladen in Haast. Wir sind inzwischen am südlichsten Küstenabschnitt der Westküste angekommen, der Tank und die Vorräte sind fast leer und es regnet sturzbachartig, was hier normal ist – schließlich befinden wir uns unmittelbar vor dem einzigen Gebirge zwischen Australien und Südamerika. So türmen sich die Wolkenmassen über der Tasmanischen See, um sich an den Bergen abzuregnen. Am nächsten Morgen gibt es also Pfannkuchen aus den letzten drei Eiern und wir fahren trotz schlechten Wetters weiter nach Jackson Bay, dem Ende der Welt. Es ist wirklich unwirtlich schön in dieser Gegend, in der der erste Siedlungsversuch der Europäer 1870 wegen der schlechten Witterung kläglich scheiterte. Wir finden dann auch einen verfallenen Siedlerfriedhof im Wald, und es ist sehr offensichtlich, dass hier kein Nachkomme mehr die Gräber pflegt. In Jackson Bay leben heute nur noch ein paar Kiwis vom Fischfang und von der Fish-and-Chips-Bude, die wir wegen des Starkregens bereits um 12 Uhr besuchen. Es ist eng und gemütlich in dem alten Eisenbahnwaggon am Hafen. Ein Verdauungsspaziergang führt uns zum einsamen Ocean Beach auf der anderen Seite des Ortes.

Die Weiterfahrt führt über den Haast Pass nach Osten ins Gebirge. Wir passieren Wälder mit Bäumen, deren Äste bis zum Boden mit Bartflechten behangen sind. Wasserfälle stürzen vor uns den Hang hinab und ein paar hundert Meter oberhalb leuchtet der Schnee. Hinter dem Pass erreichen wir Lake Wanaka und plötzlich reißen die Wolken vollends auf. Der Blick wird frei auf wunderschöne Bergpanoramen. Bis Wanaka genießen wir die Fahrt im Abendlicht, die vielen Fotostopps lassen uns spät ankommen. Heute passen wir uns den ortsüblichen Barbecue-Gewohnheiten an und schmeißen ein halbes Dutzend Lammwürstchen samt Gemüse und Toastbrotscheiben auf den Outdoor-Gasgrill, der hier jedem großzügig zur Verfügung steht. Wir beschließen, der Standard-Touristenroute Richtung Queenstown und weiter zu den großen Fjorden nicht weiter zu folgen, sondern nehmen den Weg gen Osten nach Central Otago.

Halbzeit

Central Otago, 12.-14. November

Heute habe ich im Supermarkt einmal wieder das Regal durchstreift und bin sicher gewesen, ein paar leckere Kekse ergattert zu haben, leider Fehlanzeige. Die Schokolade dagegen kann sich sehen lassen. Die Marke Whitaker ist wirklich köstlich und kann der Schweizer Schokolade durchaus Konkurrenz machen. Unsere Route ist von vielen Einkaufsstopps unterbrochen, abends kocht Jan und mittags gibt es seine legendären Lunchbrote. Die Brotwaren sind hier am besten mit diversen Aufstrichen, Zwiebeln, Tomaten und Schinken zu genießen. Wir vermuten, dass die in

Thailand und Tonga gefallenen Pfunde längst wieder an Ort und Stelle sind... daher soll uns die heute geplante Radtour mal wieder so richtig ins Schwitzen bringen. Gestern haben wir in der Touristeninformation von Cromwell eine 1-tägige Radtour auf dem Otago Rail Trail gebucht, Fahrradverleih und -transport inklusive. 55 km auf einer ehemaligen Bahnstrecke liegen vor uns. Obwohl es gestern sogar gehagelt hat, vertrauen wir der Wettervorhersage, die den Donnerstag zum Tag der Tage auserwählt hat.

Die Suche nach einem Campingplatz vor und nach der Tour gestaltet sich schwierig, denn die wenigen vorhandenen Plätze sind sehr heruntergekommen. Offenbar gibt es nur im Sommer Andrang, auch die uns wohlbekannten Wohnmobile sind in dieser Region nicht unterwegs, sondern fahren in Kolonne Richtung Queenstown und das, obwohl der Otago Rail Trail zu den spektakulärsten Radwanderwegen weltweit gehört. Man kann die 150 km in drei bis vier Tagen mit dem Fahrrad bewältigen. Um Kosten zu sparen, entscheiden wir uns für die schönsten 50 km an einem Tag, was uns machbar erscheint, da die Strecke von Auripo nach Clyde kontinuierlich bergab führt und es nur sehr wenige Steigungen gibt. Als uns der Fahrer am Startpunkt der geplanten Tour absetzt, ahnen wir noch nichts Böses. Mika freut sich sehr über sein

Mountainbike und wir über die komfortablen Fahrräder. Wir befinden uns am Rand eines Hochplateaus und es kommen uns erstaunlich viele Radler entgegen, die bergan fahren – 500 m weiter wissen wir warum: Es herrscht so starker Gegenwind, dass Mika fast vom Fahrrad geblasen wird. Die angepeilte Durchschnittsgeschwindigkeit von 10 km/h erreichen wir nie, teilweise müssen die Räder geschoben werden. Die Strecke ist atemberaubend, es gibt Tunnels zu durchqueren und Eisenbahnbrücken zu passieren. Die Landschaft erinnert an das schottische Hochland, überall stehen Schafe und Lämmer hinter Ginsterbüschen. Entlang der ehemaligen Bahnstrecke haben sich Farmerfrauen ein eigenes Business aufgebaut und verkaufen Selbstgebackenes. Die beeindruckende Landschaft fasziniert, allerdings schmälert der antarktische Südwestwind das Vergnügen und wir machen uns Gedanken, wie wir mit der Situation umgehen. Recht bald wird klar, dass Mika die gesamte Strecke nicht schaffen kann. Im nächsten Ort lassen wir sein Fahrrad zurück, dann nehme ich Mika die nächsten 12 km auf den Gepäckträger, bis wir uns erschöpft in der Chatto Creek Tavern einigeln. Nele und Jan strampeln nochmal 20 km im Gegenwind bis zum Ziel der Strecke. Sie holen uns später ab, erschöpft aber glücklich. Neles Durchhaltevermögen ist beachtlich und wir sind stolz auf unsere Tochter.

Neben den vielen Aktivitäten arbeitet sie sich gerade durch Goethes „Götz von Berlichingen", die anderen Schulfächer müssen auf ruhigere Zeiten warten!

"The glass is half full, and the other half was delicious" steht auf unserem Camper – heute ist Halbzeit, es liegen noch 94 volle Reisetage vor uns! Die zweite Hälfte des Glases beginnen wir mit der Fahrt über Gore nach Invercargill ganz im Süden Neuseelands.

Zwischenhoch

The Catlins, Südinsel, 15.-18. November

Der Weg nach Invercargill führt durch überirdisches Land. Es sieht zumindest so aus, als würde Captain Kirk gleich mit der Enterprise zum 5-Uhr-Tee auf der Schaffarm vorbeischauen. Glücklicherweise folgt dem Niemandsland Jimmi's Pie Paradies in Rocksburgh, ein kleiner, unscheinbarer Laden, der bereits um 11 Uhr morgens von hungrigen Kiwis geplündert wird. Hier gibt es wirklich die besten Backwaren in ganz Neuseeland: Apfel- und Aprikosenpie, Gemüsepie, Scones, Eclairs u.v.m. – noch dazu sehr preisgünstig. Da es hier so viele Schafe gibt, probieren wir den "Mutton Pie", gefüllt mit deftigem Schafffleisch. Weiter südlich folgen dann ein paar Obstplantagen und ein Golfplatz mit Schafen, die sich offensichtlich der Gefahr von fliegenden Golfbällen nicht bewusst sind. Amüsanterweise ist der gesamte Platz mit Elektrozaun abgesichert. Mir fallen sofort ein paar Szenen aus „Wallace und Gromit" ein. Schließlich kommen wir nach Gore, einem Provinznest mit Westernflair. In der Stadt der Countrymusik treffen wir auf einen trampenden Kühlschrank samt Besitzer (als Traveller ohne Geld muss man sich ja etwas einfallen lassen) und jede Menge coole Autos. Nach so viel Inspiration hat uns Invercargill touristisch wieder fest im Griff. Mal wieder einkaufen, tanken, waschen (die Kleider und uns) – dafür eignet sich der Ort hervorragend. Unser Campingplatz hat den gewohnten Topstandard und wir treffen wieder auf Reisegenossen, die von den Fjorden bei Queenstown herunterkommen und eine Sehenswürdigkeit nach der anderen abhaken. Leider verwöhnt uns das Wetter immer noch nicht, in der Nacht stürmt und hagelt es gewaltig. Es scheint, die Antarktis rückt immer ein Stückchen näher, dabei sind wir doch noch gar nicht in Feuerland! Das grüne Camping-Mobil hält uns dank eines kleinen Heizlüfters auf Normaltemperatur, zu viert ist es aber bei Regen sehr eng und wir sind zugegebenermaßen die Enge ein bisschen leid. Glücklicherweise gibt es ausreichend ausgestattete Campingplätze, die neben einer Küche auch immer ein paar warme Sitzplätze oder sogar Sofas zu bieten haben. Alle warten nun auf ein Zwischenhoch!

Trotz des Sturms wagen wir uns am nächsten Tag in die Catlins, eine einsame aber faszinierende Gegend am äußersten Südzipfel Neuseelands. 4500 km vom Südpol entfernt, grasgrüne Hänge, wilde Klippen und eine gefährliche Küste, die schon vielen Seefahrern das Leben gekostet hat. Natürlich war Cook auch hier und sein Schiff, die Endeavour, entging samt Mannschaft nur knapp demselben Schicksal. Immerhin, Cook hat in den zwölf Jahren seiner Entdeckungsreisen Australien und Neuseeland akribisch kartographiert, bevor er 1780 bei einer Fehde in Hawaii dahingemeuchelt wurde. In dieser Gegend brütet auch die seltenste Pinguinart der Welt, der Gelbaugenpinguin. Außerdem gibt es hier die einmalige Gelegenheit, Seelöwen in ihrer natürlichen Umgebung zu sehen. Einige Kameras mit beachtlichen Objektiven stehen schon in Position, als wir gegen halb 6 in der Curio Bay ankommen. Es ist kalt und ungemütlich, wir trotzen dem Wetter und schleichen fröstelnd über den Felsstrand, auf der Suche nach dem strategisch besten Platz. Wir denken, dass es eigentlich noch zu früh ist, denn die Pinguine kommen erst etwa eine Stunde vor Sonnen-untergang vom Fischfang und watscheln in ihr

Nest am Ufer zurück. Jeder beobachtet gespannt die Wasserlinie und die menschlichen Mitstreiter, die das begehrte Objekt schneller vor dem Sucher haben könnten. Letztendlich ist es Glückssache, ob man zufällig zur richtigen Zeit an der richtigen Stelle steht und das seltene Tier beim Landgang ertappt. „Unser" Pinguin stolpert Jan dann förmlich über die Füße, nicht bereit auch nur einen Zentimeter von der gewohnten Route ins warme Nest abzuweichen. Man soll die Tiere auf keinen Fall stören, also ziehen wir uns dezent zurück – nicht ohne ein paar tolle Fotos zu schießen, selbst ohne Teleobjektiv ist das aus dieser Entfernung kein Problem. Wir trollen uns davon, sehr dankbar, der barbarischen Kälte zu entfliehen und begeistert von der schönen Begegnung. Zurück bleiben ungefähr 20 (immer noch Wartende), die hoffen, dass noch mehr Pinguine an Land gehen werden.

Es weht weiterhin ein eiskalter Wind und wir sehnen uns nach einer festen Unterkunft. Nach fünf Wochen auf der Autopritsche spüren wir unsere Nackenmuskulatur immer häufiger auf schmerzhafte Weise. In vollem Vertrauen folgen wir dem Tipp eines Kiwis und fahren in die Surat Bay bei Newhaven, dem schönsten und wildesten Teil der Catlins. Auf dem Weg dorthin gibt es viel zu entdecken, angefangen mit der bemerkenswerten Ausstellung des dortigen Künstlers Blair

Summerville und seiner Lost Gypsy Gallery. In einem alten Bus bekommt man die ersten Kostproben der aus alltäglichen Dingen gebastelten Exponate, die sich durch Kurbel- oder Knopfdruck in Bewegung setzen, Licht erzeugen oder die wildesten Geräusche von sich geben. Die Objekte sind unglaublich kreativ, von melancholisch bis zynisch, man muss die Ausstellung einfach gesehen haben. Etwas weiter südlich stolpern wir über eine matschige Kuhweide mit herrlichem Panorama-Blick zu Jacks Blowhole, einem Krater im Boden einer Weidefläche, umspült von Meerwasser. Trotz Sturm und starker Brandung bläst das Loch kein Meerwasser nach oben, wie der Name vermuten lässt. Man wandert vielmehr um das Loch herum, schielt nach unten auf die tosende Brandung und hofft auf geringe seismische Aktivität. Nach diesem ereignisreichen Tag treffen wir endlich auf unser Camping-Paradies in Neuseeland. Der Strand nahe dem kleinen, aber feinen Campingplatz in Surat Bay ist ein bevorzugter Liegeplatz von Seelöwen. Wir beschließen drei Tage zu bleiben und eine kleine Hütte zu mieten, eine Wohltat nach fünf Wochen im Camper! Schon wieder pfeift uns der kalte Südwestwind erbarmungslos entgegen, als wir uns am Abend an den Strand vorwagen, um einen ersten Blick auf Seelöwen zu erhaschen. Wir wissen, bei dem Wetter liegen die Tiere in geschützten Ecken oder bleiben gleich im Wasser. Seerobben und -löwen lieben es, sich im warmen Sand eine gemütliche Kuhle zu schaufeln und in der Sonne zu aalen.

Zwischenhoch, endlich! Nach der ersten Nacht im warmen, trockenen Vierbettzimmer hat sich das Wetter beruhigt, der Wind ist verschwunden und alle begeben sich auf die nächste Seelöwen-Expedition. Alle, außer Nele, denn ein Grund die Hütte zu mieten war, dass sie endlich einmal Tisch, Stuhl und Gelegenheit zum Lernen findet. Mika, Jan und ich müssen ganz bis ans Ende der Bucht laufen, um auf eine Seelöwenfamilie zu treffen, die friedlich im Sand ein Nickerchen hält. Die männlichen Tiere sind wirklich sehr imposant und wir haben großen Respekt. Vom Strand aus wollen wir uns nicht nähern, also erklimmen wir die Dünenkante und pirschen uns von oben heran. Etwas weiter liegt ein junger Bulle wie tot vor uns im Sand, ich gehe etwas näher heran, weil ich mir ernsthaft Sorgen mache, dass das Tier krank ist. Vermutlich schläft er aber nur seinen Rausch aus. Zu guter Letzt schwimmt ein männlicher Seelöwe in der Bucht direkt vor uns. Ein prachtvolles Fotomotiv, das sich anschickt an Land zu gehen. Wir warten erst einmal ab – sobald wir uns aber anschleichen, um das schöne Tier näher zu betrachten, springt es 2-3 Meter vor und stößt einen Brüller aus, der uns das Blut in den Adern gefrieren lässt. Dieser Mann imponiert offensichtlich demonstrativ einem sich lasziv im Sand aalenden Weibchen, welches wir vorher nicht bemerkt haben! Es wird Zeit für den Rückweg am einsamen Strand entlang, denn wir möchten hier keine Revierstreitigkeiten vom Zaun brechen. Zu Hause warten ein gemütliches Zimmer und ein warmer Kaffee. Wie durch ein Wunder fängt es über Nacht wieder an zu stürmen und zu regnen. Umso mehr genießen wir es, warm und mollig eingehüllt in der kleinen Hütte zu sein. Das Wetter ändert sich schnell, gegen 10 Uhr erwischen wir mal wieder ein Zwischenhoch, das bis 15 Uhr anhält. Perfekt, um mit Nele nochmal zu den Seelöwen in der Cannibal Bay zu gehen (hier hat einmal ein Geologe menschliche Knochen ausgegraben, Mika findet prompt einen Wirbel im Dünensand...). Wir verlassen die Catlins an ihrem nördlichen Ende, wo wir bei den Nugget Points noch einmal spektakuläre Ausblicke und Sonne genießen dürfen. Unter uns tummeln sich Seerobben, Seelöwen und sogar ein Seeelefant. Pünktlich zur Weiterfahrt nach Dunedin, unserem nächsten Ziel, zieht wieder das wohlbekannte Regentief herein. Dunedin ist eine attraktive Stadt an der Ostküste der Südinsel. Neben vielen interessanten Gebäuden und Museen kann man dort auch das Cadbury-Schokoladen-Imperium besichtigen.

Awesome

Dunedin – Kaikoura – Picton, Ostküste, 19 – 25. November

Fiona schwebt ihren Besuchern mit einem strahlenden Lächeln entgegen – und haucht uns bereits vor der Begrüßung das erste "awesome" entgegen (ich nehme mir vor, diesmal eine gedankliche Strichliste anzufertigen). Wir befinden uns in der Cadbury Schokoladenfabrik von Dunedin, und Fiona soll uns durch die Produktionshallen führen. Eine angemessene Schokoladenverkostung im Zuge der Veranstaltung versteht sich von selbst. Nach einer ernsthaften Belehrung zu den Sicherheitsmaßnahmen bekommen wir Käppchen und Tüten ausgehändigt. Jan bekommt sogar einen schicken Bartschutz! Eigentlich sind die Tüten aber Hauptakteure der Veranstaltung, denn an strategisch interessanten Punkten der Produktion verteilt Fiona süße Köstlichkeiten an die braven Zuhörer. Unsere Mitstreiter sind hauptsächlich Kreuzfahrt-Australier im Rentenalter, die ihre "scream eggs" (=Schoko-Eier mit ekliger gelb-grüner Füllung) gerne an Mika weitergeben. Die Produktion selbst ist nicht wahnsinnig spannend, man erkennt schnell, dass alles automatisch passiert. Mitarbeiter kontrollieren eigentlich nur noch das Endprodukt. Ich finde es dagegen interessant zu beobachten, ob die Hygiene-vorschriften eingehalten werden. Beim Rundgang fangen wir eine Angestellte ab mit der Frage "Do you eat this stuff?" - die Antwort kommt prompt: "No!" (Awesome!).

Zum Schluss gehen wir noch in ein großes Silo, in welchem auf ein von Fiona inszeniertes, kollektives und lautstarkes "we want chocolate" ein Schwall von einer Tonne flüssiger Schokolade in die Tiefe schießt. Zu diesem Zeitpunkt sind wir bereits mit 17 „awesomes" beglückt worden. Mindestens 2 kg Schokolade befinden sich nun in unseren prall gefüllten Tüten und so steuern wir als erstes das nächste Warenhaus an, denn nun ist endgültig Zeit für einen zusätzlichen Koffer für die Weiterreise. So dies und das ist schon in unseren Besitz übergegangen und da wir kein weiteres Paket schicken wollen (das Paket aus Tonga scheint verloren), schöpfen wir lieber unser Fluggepäckkontingent aus.

Anschließend besuchen wir das um einiges anspruchsvollere Museum of Settlers, gleich neben dem historischen Bahnhof. Das Erscheinungsbild des Bahnhofs hat dem Erbauer den Beinamen „Gingerbread George" (zu Deutsch: Lebkuchen-Georg) eingebracht, weil die schwarz-weiße Fassade des Gebäudes an einen Lebkuchen erinnert. Wir finden, dass Dunedin ohne den historischen Bahnhof eine sehr durchschnittliche Stadt wäre. Andererseits, wegen der Städte kommt man nicht nach Neuseeland! Die Museen sind überall erstklassig und man findet selten ihresgleichen in Europa. Das Museum of Settlers setzt sich sehr anschaulich mit der Siedlungsgeschichte Dunedins und seiner Umgebung auseinander. Uns gefällt die originalgetreu nachgebaute Kajüte eines Schiffes für Einwanderer aus Schottland am besten. Man kann sich wunderbar vorstellen, was für eine Tortur die Monate auf dem Schiff gewesen sein müssen. Mika ist schwer beeindruckt von den kleinen Filmen, die alltägliche Szenen zeigen, wie z.B. Beinbruch auf hoher See. Die meisten Siedler kamen zwischen 1835 und 1870 nach Dunedin. Es gibt im Museum eine ganze Abteilung, in der man nach seinen Ahnen forschen kann, schließlich liegt die Besiedlung noch nicht allzu lang zurück und viele Schotten stöbern hier nach ihren Vorfahren. Ich könnte stundenlang bei den Porträtfotos der Einwanderer verweilen. Wie schade, dass sich in unseren Familien keine Auswanderer befinden, nach welchen wir hier fahnden könnten!

Aufgrund von unvorhergesehenen Mehrausgaben erwägen wir eine kostenlose Nacht auf der Otago Halbinsel, die Dunedin vorgelagert ist. Manchmal ist das Übernachten in einem Campervan auf dafür ausgewiesenen Flächen erlaubt, vorausgesetzt man bleibt nur eine Nacht und ist bis morgens um 8 wieder verschwunden (was akribisch von einem Security Officer überprüft wird). Mit etwas Glück ergattern wir einen der begehrten Plätze, so dass wir am nächsten Morgen schon sehr früh bei der einzigen Albatross-Kolonie an der nördlichsten Spitze der Halbinsel ankommen. Der Weg zur Aussichtsplattform wird zum Spießrutenlauf, denn es scheint, dass alle Möwen es darauf abgesehen haben, ihre Morgentoilette über uns zu verrichten. An den steilen Klippen herrscht großes Gekreische und wir suchen den Himmel ab. Albatrosse schweben durch die Lüfte, sie lassen sich anhand ihrer Größe leicht von anderen Möwen unterscheiden. Aufgrund ihrer enormen Flügelspannweite sind sie perfekte Gleiter, nur bei der Landung tun sie sich schwer. Das Albatross-Center, welches uns für nicht weniger als 110 Dollar Zugang zur Brutkolonie verschaffen würde, ist eingezäunt wie ein Hochsicherheitstrakt. Ein Blick auf die Nester ist aber erst ab Dezember möglich, wenn die Vögel ihre Jungen aufziehen. Wir verzichten auf den teuren Spaß und begnügen uns mit dem Blick von der Plattform aus. Es ist beeindruckend zu sehen, wie der Vogel majestätisch durch die Lüfte schwebt und über dem Ozean entschwindet.

Nach einem kurzen Frühstücks-Stopp wollen wir weiter zur Sandfly-Bay an der Ostküste der Halbinsel. Eine Wanderung führt uns in diese wunderschöne Bucht, in der wir – mal wieder – auf sehr schläfrige Seelöwen treffen. Nur noch fünf Tage, dann müssen wir die Südinsel verlassen, denn wir möchten auf jeden Fall noch nach Oamaru, die kleinen, blauen Pinguine beim Landgang beobachten und in Kaikoura mit Delfinen schwimmen. Also verlassen wir die Otago Halbinsel und fahren zügig weiter gen Norden. In Oamaru hat man uns einen kleinen Campingplatz direkt am Hafen empfohlen, denn genau an dieser Stelle gehen jeden Abend hunderte blauer Pinguine an Land. Einige finden sogar Schutz unter der Campingküche! Mit uns postieren sich noch ein Dutzend Menschen am Strand um mitzuerleben, wie die wirklich sehr kleinen Pinguine ihre Nester an Land aufsuchen. Scharenweise kommen sie angeschwommen und hüpfen zum Entzücken der Zaungäste über Wege und Absperrungen. Auch Mika ist heute Abend im Glück, er trifft Emil, einen Jungen aus Berlin. Außerdem finden beide neben dem Campingplatz den allerbesten Spielplatz der Welt. Die beiden Jungs verstehen sich bestens und belagern ihr Reich von früh bis spät. Kein Wunder, bei so vielen phantasievollen Spielideen. Es gibt einen Elefanten mit Feuerwehrrutsche, eine Hochradschaukel, ein tolles Schiff und auch der sogenannte Flying Fox, die Seilrutsche, fehlt nicht.

Oamaru verfügt über eine erstaunliche Bewegung: Die Bewohner der Stadt lassen das viktorianische Zeitalter wieder aufleben. Jährlich werden hier Hochradrennen veranstaltet und der ganze Ort verwandelt sich in ein Freilichtmuseum. Die Gegend rund um den Hafen besteht aus viktorianischen Gebäuden samt authentischen Insassen, die in der heutigen Zeit nicht ankommen wollen. Dort hinein schmiegt sich ein so genanntes Steampunk-Museum mit Werken, die nach dem Motto "the future as used to be" zusammengeschweißt wurden. Die Künstler verarbeiten dabei allen möglichen Schrott und schaffen skurrile Machwerke. Dennoch kommen die meisten Besucher wohl wegen der kleinen, blauen Pinguine nach Oamaru. Wir schauen uns das Museum von innen an, machen uns danach aber schnell auf den Weg Richtung Norden. Ach ja, nach unserer Antwort auf die Frage, wo wir herkommen, werden wir mal wieder mit einem "awesome" bedacht. Emil aus Berlin fährt mit seinen Eltern Daniel und Maria und der kleinen Greta leider nach Süden weiter, und so heißt es Abschied nehmen.

Am Abend landen wir in einer kleinen Ortschaft mit dem Namen Mt. Somers am Rande der Südalpen, mit schönem Blick auf den gleichnamigen Berg. Plötzlich weht ein warmer Wind, es scheint, wir sind nun endgültig im Frühsommer angekommen. Ein toller Park lädt preisgünstig zum Übernachten ein, hier auf der Inlandroute Richtung Norden ist nicht viel los und die Gastfreundschaft ist bestechend. Auch am nächsten Tag hält das warme, freundliche Wetter an und wir fahren nordwärts an Christchurch vorbei nach Kaikoura. Die Gegend um Christchurch leidet immer noch unter dem schrecklichen Erdbeben von 2011 bei dem fast 200 Menschen zu Tode kamen. Uns fällt auf, dass ganze Wohnviertel neu aus dem Boden gestampft zu sein scheinen. Plötzlich und wie aus heiterem Himmel wird das Autofahren zur Achter-bahnfahrt. Jan klammert beide Hände ans Lenkrad und wir versuchen, möglichst keine Brücke bei Gegenverkehr zu überqueren. Schon wieder der „Südwester", der böig von der Seite pfeift und die Fahrt zum Höllentrip macht. Erleichtert erreichen wir Kaikoura am frühen Abend. Der Ort ist vor allem bekannt für das Schwimmen mit Delfinen und Robben, sowie für Whale-Watching-Touren, die von hier aus angeboten werden. Grund dafür ist das reiche Vorkommen an Nährstoffen (Plankton), Fischen und damit auch Meeressäugern, die am Rand eines der Küste vorgelagerten Tiefseegrabens leben. Die Küstenmorphologie ist ähnlich der in Tonga. Nach unseren einmaligen Walbeobachtungserlebnissen auf Eua wollen wir in Kaikoura keine Wal-Tour machen, liebäugeln aber mit einer Delfinbeobachtung. Als wir in Kaikoura ankommen, sind wir überrascht, denn die Gegend ist von einmaliger landschaftlicher Schönheit und wir verbringen einen ganzen Tag damit, die Küste entlangzuwandern und den Blick auf die Farben des Meeres und der Berge zu genießen. Mal wieder ein Moment, der uns vor Augen führt, wie schön unsere Erde ist. "Awesome" wäre jetzt eine ernstzunehmende Beleidigung.

Morgens um 4.45 Uhr klingelt der Wecker, es ist noch dunkel und wir sind sehr, sehr müde. Mika ist erst gar nicht und dann nur mit den Worten "die Delfine warten" aufzuwecken. Um 5.15 Uhr sind wir am Treffpunkt, das Wetter ist phantastisch ruhig und wesentlich besser als in den vergangenen Wochen. Bevor es losgeht, gibt es noch allerlei Informationen über den Ablauf, das Verhalten der Tiere und zu den Sicherheitsmaßnahmen. Nele darf zu den Delfinen ins Wasser, sie bekommt, zusammen mit den anderen Schwimmern, einen extradicken Schwimmanzug, denn das Wasser ist sehr, sehr kalt. Wir haben lange überlegt, ob wir überhaupt gehen sollen und wer schwimmen darf. Es ist ein wunderschönes Erlebnis und ein lang gehegter Wunsch von Nele, den man auch hätte aufsparen können. Allerdings sind die Bedingungen an diesem Tag so perfekt, dass wir uns dafür entscheiden, die Gelegenheit wahrzunehmen. Nele schwimmt und wir drei schauen vom Schiff aus zu.

Hunderte von Schwarzrückendelfinen (Dusky Dolphins) schwimmen bald um das Boot und die Schnorchler herum. Sie spielen mit den Schwimmern und uns, springen durchs Wasser und überschlagen sich vor Übermut. Diese Delfinart jagt nachts und tummelt sich tagsüber in der Bucht, besonders am frühen Morgen zeigen sie ihr ganzes Können. Wir sitzen vorne am Bug und die Delfine flitzen vor unseren Füßen unter dem Boot hindurch. Manchmal sind sogar Babys dabei. Es werden Rückwärtssaltos geschlagen und wir wissen gar nicht, wo wir hinschauen sollen. Überall am Horizont wimmelt es von Delfinen. Anscheinend freuen sich auch Delfine über ruhige See und Sonnenschein. Derweil amüsiert sich Nele im Wasser und dreht sich im Kreis, während die Tiere sie umkreisen. Je mehr man mit ihnen interagiert, singt, blubbert, kreiselt, desto eher kommen sie und interessieren sich. Insgesamt dreimal darf sie ins Wasser, dann machen wir uns auf den Rückweg, nicht ohne tierischen

Geleitschutz. Gesicht, Hände und Füße sind durchgefroren, aber das Glück steht Nele ins Gesicht geschrieben, als wir gegen 9 Uhr wieder zurückkehren, den ganzen Tag noch vor uns.

"It's a great day, isn't it?" werde ich mal wieder von einem kommunikationsfreudigen Kiwi angesprochen, als wir auf der Weiterfahrt nach Picton ein Robbenbaby beim Spielen am Wasserfall beobachten dürfen. „Yes, awesome!". Kurz vor der Abreise ist uns die Kommunikations-Etikette ins Blut übergegangen.

Bart ab!

Wellington – Napier, Nordinsel, 24.-26. November

Eigentlich sollte sich Jan einen richtigen Barbier gönnen, um die halsnahe Haartracht zu stutzen. Er entscheidet sich dann aber doch für die Variante Kinderschere und Einmalrasierer. Wir sind in Kürze bei Kiwis eingeladen, außerdem naht der nächste Flug und Grenzübertritt. Nicht bedacht haben wir allerdings, dass der Haut unter dem Bart der Dreimonats-Teint fehlt. Und auch die Nordinsel hat uns wieder, nach einer unaufgeregten Passage durch die Cook Strait erreichen wir Wellington bei englischem Sprühniesel-Regen, später kommen auch noch die uns bekannten Sturmböen hinzu. Direkt nach Ankunft auf der Nordinsel besuchen wir das Te Papa, Wellingtons vielgerühmtes Museum, danach soll es weitergehen über Napier nach Rotorua, wo Kim und Brian, die wir aus Tonga kennen, uns schon erwarten. Das Museum ist sehr gut gestaltet und hochinteressant. Zuallererst zieht es uns magisch in die Abteilung Naturgewalten, schließlich befinden wir uns gerade direkt auf der Verwerfungslinie. Später stellen wir fest, dass das aus Beton gebaute Museum auf Gummifüßen steht. Beeindruckend ist der Erdbebensimulator, ein kleines Haus, das alle paar Minuten von Erdstößen durchgerüttelt wird, sowie praktische, computerunterstützte Tipps, wie man sein Haus erdbebensicher macht, bzw. was passiert, wenn man es nicht macht. Wir sehen, wie sehr die Bevölkerung schon unter Erdbeben gelitten hat. Napier und Hastings wurden 1931 dem Erdboden gleichgemacht, und das verheerende Beben in Christchurch liegt noch nicht lange zurück. Trotzdem scheinen die Menschen hier sehr unbekümmert mit der ständigen Bedrohung umzugehen. Eine andere Abteilung ist komplett der maorischen Kultur und der Siedlungsgeschichte Neuseelands gewidmet. Zum ersten Mal können wir uns ausgiebig über die Maori und ihr Verhältnis zu den Einwanderern informieren. Für uns Europäer ist es unvorstellbar, wie die Maori Anfang des 19.

Jahrhunderts noch ohne den Einfluss von Siedlern in Neuseeland gelebt haben. Das Museum ist so spannend, dass wir erst um 16 Uhr die Weiterfahrt antreten.

Bis nach Napier, der Art-Deco-Metropole, sind es mindestens fünf Stunden Fahrt. Wir brauchen sechs, denn es stürmt mal wieder von der Seite und wir finden keinen guten Schlafplatz. Napier wurde durch ein schlimmes Erdbeben 1931 dem Erdboden gleich gemacht. In Windeseile wurde die Stadt im Jugendstil wieder aufgebaut, so dass sie heute über eine einzigartige "Great Gatsby"-Atmosphäre verfügt. Architekturfans finden hier das größte, zusammenhängende Jugendstilgebiet der Welt. Auch wir sind beeindruckt von den eingeschossigen Häusern und bereuen den Umweg nicht, zumal sich zufällig die Gelegenheit ergibt, auch noch Jans Haupthaar fachkundig zu stutzen. Die Zeit rennt und so fahren wir nach einem genüsslichen Stadtbummel weiter nach Rotorua.

Bei Kiwis zu Hause

Rotorua – Auckland (Abflug), 27. November – 1. Dezember

Bereits am ersten Abend in Rotorua bekommen wir Besuch von Kim und Brian, mit denen wir uns in den kleinen, gemütlichen, aber mit jungen Campern völlig überfüllten Aufenthaltsraum quetschen. Irgendwie muss der Anblick unseres grünen Kompakt-Vans wohl Mitleid erzeugt haben, denn wir werden sogleich zum Frühstück und Wochenendausflug mit Boot am Samstag eingeladen (später folgt dann auch das Angebot mit unserem Campervan im Vorgarten zu nächtigen). Ablehnen wollen wir nicht, denn eigentlich interessiert es uns brennend, wie die Familie in Rotorua lebt. Vorher besuchen wir noch das Waimango Vulcanic Valley auf eigene Faust. Der 1889 hier ausgebrochene Vulkan Mount Tarawera hat deutliche Spuren hinterlassen: Farbenprächtige Sinterablagerungen und zwei brodelnde Kraterseen, einer davon gilt als der größte Geothermalsee der Welt. Die Durchschnittstemperatur liegt bei 55 Grad Celsius! Wir wandern ein schönes Tal hinunter und freuen uns an der Ruhe und der Schönheit der Natur, die sich den extremen Bedingungen angepasst hat.

Um Punkt 9 Uhr erscheint Brian auf dem Campingplatz und eskortiert uns zu seinem Zuhause. Wir sind gespannt, denn sowohl er als auch Kim haben jeweils zwei Kinder aus unterschiedlichen Ehen, die mit ihnen leben.

Hannah (16) und Liam (14), sowie Jade (10) und Jessie (8), eine richtige Patchworkfamilie. Brian vertritt als Rechtsanwalt häufig Mitglieder von ortsansässigen Maori-Familien, denn seine Ex-Frau ist eine Maori. Mit 35% ist der Anteil der in Rotorua lebenden Maori vergleichsweise hoch. Für Touristen ist Rotorua ein Top-Ziel, denn nirgendwo sonst kann die maorische Kultur so anschaulich erleben. Angeboten werden Kunsthandwerksvorführungen und Shows mit Begrüßungszeremonien und Tänzen, sowie das traditionelle Hangi, ein im Boden gegartes Abendessen, ähnlich dem Umu in Tonga. In den letzten Jahrzehnten wurde das Land zu großen Teilen den Maori zurückgegeben (nachdem es ihnen vorher von europäischen Siedlern mit teilweise fragwürdigen Methoden genommen wurde). Insbesondere die Geothermalgebiete rund um Rotorua sind zu heiligen Stätten geworden. Kim und Brian leben in einem schönen Haus am Rand von Rotorua, natürlich mit einem kleinen Boot davor, welches bei jeder Gelegenheit ganz einfach ans Auto gehängt wird, denn der nächste warm-kalte See ist nicht weit. Zunächst gibt es ein unkompliziertes, typisch neusee-ländisches Frühstück im Stehen – Schinken und gebratene Eier oder wahlweise Pfannkuchen. Danach geht es zu einem kleinen Spaziergang in den nahegelegenen Redwood Forest, wo die Baumriesen zu Hunderten einen wunderschönen

Wald bilden. Die Kinder verstehen sich auf Anhieb, und Nele hat Gelegenheit, ihre Englischkenntnisse voll auszuschöpfen. Schließlich geht es an den See und Brian navigiert das Boot behände zu Wasser. Wir schippern mit den zugelassenen fünf Knoten an einen geothermalen Strand. Der Sand ist warm und man kann, wenn man die richtige Mischung findet, bei angenehmen Temperaturen plantschen. Wir "lunchen" erst einmal lieber die mitgebrachten Hot Dogs, bevor uns Kim ihren wahren Lieblingsplatz zeigt: ein 34 Grad warmer Pool mitten im Paradies! Dann geht es wieder aufs Boot und die Angeln, von denen Brian etliche im Einsatz hat, kommen ins Wasser. Das Boot schippert langsam über den See, in der Hoffnung, dass Mika endlich einen Fisch fängt. Wir wissen, dass der See eher fischarm ist, trotzdem wird dieser Programmpunkt extra für Mika eingebaut. Leider fangen wir nichts, so dass ein anschließender Supermarkt-Besuch das Barbecue sichern muss. Es gibt leckeren Salat, alle möglichen Fleischsorten und selbstgemachte Pommes aus Süßkartoffeln. Jeder hilft und wir fühlen uns sehr wohl.

Wir sind fast ein bisschen beschämt über so viel Gastfreundschaft, schließlich haben wir auf Tonga nur zwei Tage im gleichen Gästehaus mit Kim und Brian verbracht. Bevor alle zu Bett gehen, werden wir auch noch reich beschenkt: Jeder bekommt eine schöne Jadekette, die von den Maori in Rotorua angefertigt wurde. Die Anhänger stellen Symbole mit unterschiedlichen Bedeutungen dar und sind sehr passend für uns. Jans Anhänger verspricht unter anderem '"sicheres Reisen über Wasser", gut für unsere bevorstehenden Flugreisen. Mika bekommt noch zusätzlich einen kleinen Stofftierkiwi und Nele bekommt einen Jade-Ring. Für die Kinder ist es wie vorgezogene Weihnachten, denn den reich dekorierten Plastik-Weihnachtsbaum haben wir tatsächlich am Nachmittag gemeinsam aufgestellt. Es gibt wirklich mehr Lametta in Neuseeland, Loriot hätte seine Freude daran gehabt! Das Angebot Jessies Zimmer in Beschlag zu nehmen, lehnen wir ab, denn wir möchten die letzten Nächte in Jucy-Lucy genießen und auch nicht zu viel Arbeit machen. Wir sind sowieso schon überwältigt von so viel Gastfreundschaft und hoffen, dass wir uns bald revanchieren können.

Der letzte Tag in Neuseeland ist dem Kulturzentrum Te Puia in Rotorua gewidmet, wo wir auch endlich echte Kiwi (Vögel) sehen. Außerdem schauen wir uns die Tänze und Zeremonien an, wobei Mika sehr inspiriert ist und gut im Nachahmen! Auf dem Gelände gibt es auch Geysire, die von Zeit zu Zeit schwallartig Wasser ausspucken, sowie brodelnde Schlammlöcher und natürliche Kochstellen für das abendliche Dinner. Der Koch kommt mit dem Golf Caddy zur Kochstelle und das Hühnchen verschwindet im Boden. Für uns ist es heute, am ersten Advent, Zeit Abschied zu nehmen. Morgen ist übermorgen, denn wir überfliegen die Datumsgrenze und katapultieren uns ganz plötzlich vier Stunden hinter die deutsche Zeit. Der Abschied fällt schwer, aber Südamerika wartet mit unbekannten Abenteuern und wir sind natürlich sehr gespannt wie unsere Reise weitergeht!

Am Schicksalsberg

Ein warmes Bad am Hot Water Beach

Seehunde am Abel Tasman Track

Traumhafte Strände am Abel Tasman Track

Lebensfrohe Delfine bei Kaikoura

Südamerika – Chile und Argentinien

Santiago de Chile

Santiago de Chile, 1.-5.Dezember

Immerhin heben wir mit nur drei Stunden Verspätung Richtung Santiago de Chile ab, ein 11-Stunden-Flug liegt vor uns. Die Kiwis haben sich bitterlich beklagt über die Unzuverlässigkeit der südamerikanischen Fluglinie LAN, die es vor kurzem wohl gewagt hat, einen Flug der legendären „All Blacks" Rugby-Mannschaft zu stornieren. Beim Check-In werden wir mit Verköstigungsgutscheinen über die Verspätung hinweggetröstet. Der Flug selbst ist gefühlt sehr, sehr lang, insbesondere, weil das Entertainment-System nicht funktioniert und es keine Filme, nicht einmal die Flugroute, zu verfolgen gibt. Die Kinder sind schwer enttäuscht, können aber, im Gegensatz zu uns, wenigstens schlafen. Am meisten aber entrüstet mich die Tatsache, dass der Pilot dem Überfliegen der Datumsgrenze nicht eine Silbe widmet! Was für ein Highlight, da müsste man doch zumindest eine kurze Ansprache halten: "Ladies and Gentlemen, now you have another great day ahead of you, enjoy!", oder "buy one, get two..." oder so ähnlich. Aber wahrscheinlich fliegt LA800 sowieso ganz von alleine und beide Piloten schnarchen friedlich in der Business Class. Zum Trost bleibt uns nur das Anstoßen mit zwei Päckchen Kakao (2x250ml!), die wir unwissentlich durch die Sicherheitskontrollen der angeblich strengsten Kontrollen weltweit schmuggeln konnten. Der Landeanflug ist ein fantastisches Erlebnis und bisher unangefochtener Spitzenreiter der Flugreisen. Wir schweben durch diverse Hügel, kommen dabei dem Erdboden bedrohlich nah, jedoch lenkt der Pilot den Flieger immer wieder galant in die nächste Talsenke. Irgendwo müssten eigentlich die Anden sein, und während wir alle dümmlich aus dem Mini-Fenster starren, sehen wir ihn plötzlich vor uns, den Gebirgszug, der zum Greifen nah und so hoch ist, dass wir ihn einfach nicht am Horizont erkennen. Fast 7000 m ragt das Aconcagua-Gebirge neben uns (und Santiago) in die Höhe, das Wetter ist relativ klar und die Kulisse einfach überwältigend. Normalerweise herrscht hier ein grauenhafter Smog, so dass die Anden nicht zu sehen sind, an diesem Tag ist die Sicht glücklicherweise gut.

Aufgrund des fehlenden Entertainments an Bord haben wir alle die Worte des Lonely Planet Reiseführers verinnerlicht: kein normales Taxi nehmen, sich nicht anquatschen lassen und zielstrebig einen bestimmten Fahrdienst mit Sitz im Flughafen ansteuern. Die ersten Angriffe können wir noch selbstbewusst abwehren, am

Ende entscheiden wir uns dann doch gegen den offiziellen Flughafentransfer und vertrauen einem Taxifahrer namens David, der uns ein wesentlich besseres Angebot macht. David hält sich penibel an die Absprachen, spricht sogar etwas Englisch und bringt uns schnell und sicher ans Ziel: ein schönes 2-Zimmer-Appartment in Lastarria, einem schicken Stadtteil von Santiago.

Es ist immer toll, wenn man ein fremdes Land betritt und sich aus dem Taxi heraus einen ersten Eindruck verschaffen kann. Uns gefällt Santiago auf den ersten Blick, auch wenn es keine schön herausgeputzte Weltstadt ist. Man sieht und fühlt, dass Chile eine bewegte, schwere Vergangenheit hat. Bis 1990 führte Pinochet ein hartes, diktatorisches Regiment und ließ ca. 300.000 Regimegegner verschleppen, foltern und töten. Die Wahl, die das Land schließlich in eine Demokratie führte, hat Pinochet aber nur knapp verloren. 45% der Chilenen haben zu dieser Zeit immer noch für ihn gestimmt. Unser Fremdenführer Felipe, der uns am nächsten Tag durch die Innenstadt führt, meint jedoch, dass viele Menschen aus Angst die „richtige" Partei gewählt haben. Heute gibt es in Santiago zwar immer noch Anhänger des Diktators, allerdings stellen sie die Minderheit dar. Wirtschaftlich geht es Chile besser als anderen südamerikanischen

Ländern, es fällt auf, dass an jeder Ecke gebaut und erneuert wird.

Uns gefallen vor allem die offenen und hilfsbereiten Menschen Chiles. Leider wird sehr wenig Englisch gesprochen, so dass wir schnell an unsere Grenzen kommen. Die Suche nach einer Prepaid-Telefonkarte gestaltet sich schwieriger als wir dachten. Innerhalb Chiles kann man sehr gut telefonieren, aber für Anrufe nach Deutschland werden wir wohl jedes Mal ein Internet-Cafe aufsuchen müssen. Zum ersten Mal bin ich in einer Weltstadt und habe mit meiner Telekom SIM-Karte keinen Empfang. Santiago erinnert uns an Budapest: Bereits toll herausgeputzte Gebäude stehen neben post-kommunistisch angehauchten, hässlichen Wohnhochhäusern. Überall sprießen kleine, interessante Designerläden aus dem Boden, neben gut florierenden, traditionellen Geschäften, die mit wunderschönem Innenleben aufwarten. Es wird spannend zu sehen, wie diese Stadt sich weiterentwickelt. Unser Apartment über den Dächern von Lastarria ist einfach toll, das findet auch die dicke Katze, die uns jeden Tag besucht und beständig versucht, in die Wohnung zu kommen – dabei ist es bei 27 Grad draußen auf dem Balkon viel schöner (besonders nach den Temperaturen in Neuseeland)! 38,5 Grad zeigt das Thermometer, als wir am nächsten Tag das

Haus von Pablo Neruda, La Chascona, verlassen. Wir mögen Neruda sehr und die Besichtigung seines Hauses in Santiago war ein Grund dafür, mehrere Tage in dieser Stadt zu verbringen. Der Literaturnobelpreisträger von 1971 hat wundervolle Gedichte über das Meer verfasst und sein Haus in Santiago enthält viele seiner zu Lebzeiten gesammelten Schätze. Der Hop-On-Hop-Off-Bus schaukelt uns gemächlich durch die smoggebeutelte Stadt, die meiste Zeit stecken wir im Verkehrschaos fest, können so aber einen guten Eindruck von der unglaublichen Größe bekommen und den deutschen Erläuterungen zu den Sehenswürdigkeiten lauschen. Nun bekommen die Erzählungen über Salvatore Allende und die anschließende Militärdiktatur Pinochets ein Gesicht. Hier, am Palacio Moneda, begann der Putsch mit einem zerstörerischen Bombardement, in dessen Folge sich Allende das Leben und die Kulturrevolution ihr Ende nahm. Unter Pinochet wurden insbesondere die Mapuche, Chiles indianische Ureinwohner, erbarmungslos verfolgt. Pablo Neruda war über die militärische Machtergreifung am 11. September 1973 offenbar so erschüttert, dass er am 23. September seinem Krebsleiden erlag. Seine Geliebte und spätere Frau Mathilda hielt die Totenwache in dem völlig zerstörten Haus La Chascona, damit die ganze Welt aufmerksam auf die brutalen Veränderungen im Land wird.

Den dritten Tag in Santiago widmen wir ausschließlich der Logistik. Auch wenn wir nicht wissen, ob es sich lohnt, plündern wir den Geldautomaten für den Aufenthalt in Argentinien und tauschen chilenische Pesos in US Dollar. Außerdem verbringen wir Stunden in den Räumlichkeiten der Telefongesellschaft entel, um eine internetfähige SIM-Karte zu aktivieren und die letzten beiden noch fehlenden Straßenkarten für Patagonien zu ergattern. Wir planen 16 Tage für die Strecke nach El Calafate in Argentinien ein, danach soll es für weitere 10 Tage noch tiefer in den Süden und dann in 18 Tagen zurück nach Puerto Montt gehen, wo wir den Mietwagen abgeben und über Bariloche nach Buenos Aires weiterreisen möchten. Am darauffolgenden Tag tauschen wir die Bequemlichkeit einer Großstadt gegen den in ländlichen Gegenden üblichen 4×4 Wagen, mischen uns unters Volk und fahren auf die verstaubte Piste Carretera Austral gen Süden.

Küsschen rechts

Santiago – Villarrica, Chile, 5.-10. Dezember

Im Februar 2010 muss die Erde in Aufruhr gewesen sein, denn auch in Mittelchile gab es – wie in Christchurch/Neuseeland – ein verheerendes Erdbeben der Stärke 8,8 auf der Richter-Skala. Das viertstärkste Beben seit Menschengedenken. Ich glaube irgendwo in der Nähe unserer aktuellen Position fand auch das stärkste jemals gemessene Beben statt. Die Gegend befindet sich erkennbar immer noch im Wiederaufbau und wir gewinnen sehr viel Respekt vor den Naturgewalten. Chile ist nur 200 km breit, dafür 4300 km lang und verfügt über alle erdenklichen Landschaftsformen. In unserem frisch gecharterten, knallroten Toyota Hillux fühlen wir uns richtig heimisch und erst einmal halbwegs sicher vor Erdstößen. Alles fliegt auf die Laderampe und los geht es! So ein Auto braucht man hier, wie wir sehr schnell feststellen!

Komisch, woher die Vorstellung kommt, wie ein Land wohl sein wird. Wir dachten, wir verlassen Santiago und landen in Kürze in absoluter Einöde. Das Gegenteil ist in Mittelchile der Fall, denn die gut ausgebaute Autobahn Richtung Süden ist vollgestopft mit Fahrzeugen und viele einfache Siedlungen säumen den Straßenrand. Grund für das Verkehrschaos ist ein Feiertag, so dass ganze Horden das verlängerte Frühsommer-wochenende für einen Familienausflug nutzen. Die einzige von Nord nach Süd verlaufende Autobahn in Chile ist privatisiert worden, somit steht ihr Zustand in krassem Gegensatz zu vielen Häusern am Straßenrand. Leider hört die Asphaltstraße in Puerto Montt auf, ca. 1800 km gen Süden haben wir dann noch vor uns. Aber davon hatte ich immer geträumt: über die Panamericana, die staubverhüllte Carretera Austral und die argentinische Ruta 40 bis nach Feuerland und zurück zu fahren. Kurios sind die ausgefallenen Verkaufsstände am Autobahnrand: Obst, Gemüse, Korbwaren, Kupfergeschirr, Möbel und vieles mehr werden dort feilgeboten. An den Mautstellen stehen Menschenmengen, so dass wir zuerst eine Massenkarambolage vermuten, bei genauerem Hinsehen erkennen wir Händler mit Gebäck, Tortillas, Getränken und appetitlichen Papiertüten, deren Inhalt wir nicht ergründen können. Wie es in Südamerika üblich ist, kam das Taxi, das uns zur Autovermietung bringen sollte, eine Dreiviertelstunde später, und somit erreichen wir erst gegen 8 Uhr abends, nach 260 km neuen Fahrgefühls (man fährt wieder rechts!) unser erstes Etappenziel, die Stadt Talca.

Das Gästehaus Casa Chueca nahe Talca ist ein Paradies für Mika: Ponys, Ziegen, Esel, Hasen, ein Pool und die zwei deutschsprachigen Jungs der Besitzer (die 1993 hierher kamen). Das letzte 4-Bett-Zimmer ergattern wir gerade noch für eine Nacht, denn wegen des langen Wochenendes ist vieles ausgebucht. Jan und ich stellen unsere geplante Nationalpark-Wanderung zurück und beschließen, noch etwas vor Ort zu bleiben. Am Nachmittag machen wir uns auf die Suche nach unserer nächsten Unterkunft, irgendwo im Nichts auf dem Weg zum Nationalpark Siete Tazas (übersetzt: sieben Becher). Wie wir noch häufiger erfahren werden, ist der Weg länger als geplant und auch das Auffinden unserer Cabañã Turistica ist nicht ganz einfach, denn es handelt sich dabei um ein typisch chilenisches "Ein-Frau-Business": Zwei kleine Holzhütten irgendwo im Garten, dazu ein kleines Häuschen, in dem Kosmetik-Behandlungen durchgeführt werden. Wer möchte, wird bekocht und gegessen wird ganz privat im Wohnzimmer. Bereits bei der Ankunft werden wir familiär mit Küsschen rechts begrüßt und aufgefordert, doch den Rest des Tages im Garten zu verbringen, denn bis zum Nationalpark sei es doch viel zu weit. Es ist bereits 16 Uhr und wir beschließen – entgegen allen Empfehlungen – doch noch zu fahren, um wenigstens einen Blick auf die Wasserfälle zu werfen. Als die erste Staubwolke nach 50 m Piste das Auto vernebelt und wir im Duett niesen, wird langsam klar, dass wir die Essensverabredung um 19 Uhr niemals einhalten können. Wir fahren trotzdem weiter und kalkulieren eine 30-minütige Verspätung ein, die uns in Südamerika angemessen scheint. Nach 1,5 Stunden kommen wir zu den Wasserfällen, machen Fotos und rasen in 4×4-Manier zurück. Leider wird uns der Weg durch ein Busküsschen rechts versperrt (zwei Busse stehen so schräg, dass sie oben aneinander hängen bleiben), so dass wir letztendlich mit einer Stunde Verspätung wieder zurück sind. Dann wird innerhalb einer halben Stunde das Abendessen aufgetischt: Salat, leckeres Hähnchen mit Gemüse und selbstgemachter Mango-Bananensaft, Eis, Wein (4 Personen für umgerechnet 25 Euro). Ohne Nele hätten wir uns vermutlich auf dieses Abenteuer nicht eingelassen. Auch wenn sie erst ein Jahr Spanisch lernt, betreibt sie mutig Konversation und versucht, uns irgendwie durchzubringen.

Am nächsten Morgen fahren wir weiter nach Villarrica zum gleichnamigen Vulkan, sechs Stunden Fahrt liegen vor uns. Je weiter wir nach Süden fahren, desto leerer wird es und jetzt stellt sich endlich das Gefühl der endlosen Weite ein. Im Osten reiht sich ein schneebedeckter Vulkan an den anderen. Als wir auf Villarrica zufahren, stockt uns kurz der Atem. Zwischen den Wolken erscheint plötzlich die Kulisse des 2800 m hohen Vulkans. Spätestens jetzt stellen wir einstimmig fest, dass die Landschaft in Südamerika noch um Einiges imposanter ist als in Neuseeland. Wir erreichen zügig unser Ziel, die Husky-Farm Aurora Austral, nahe Villarrica. Konrad und Inga aus Deutschland wohnen hier seit 8 Jahren und kümmern sich um 52 wunderschöne Rassehunde. Aufmerksam wurden wir auf die Farm, als wir im Reiseführer von Schlittenhundefahrten auf den schneebedeckten Vulkan hörten. Jetzt im Sommer bieten die beiden allerdings nur Trekking mit den

Hunden an, zum Vulkan und zu den seltenen Araukarien (prähistorische Bäume, deren Blätter so dick und spitz sind, dass selbst die Dinosaurier keinen Gefallen daran fanden). Für eine richtige Schlittenhundefahrt müsste man im Winter wiederkommen. Der Vulkan Villarrica zieht uns magisch an, daher beschließen wir 3 Tage bei Konrad und Inga zu bleiben und uns in ihrer gemütlichen Ferienhütte auf dem Gelände einzuigeln. Im Nachhinein stellt sich heraus, dass wir den nächsten Ausbruch des längst überfälligen Vulkans nur knapp verpasst haben. Die Huskys brauchen regelmäßig Auslauf und Training, denn sie werden nicht nur für touristische Trekkingtouren eingesetzt, sondern auch bei Schlittenhundewettkämpfen. Besonders süß sind die zwei Welpen, die Mika regelmäßig über die Wiese jagen! Wir sind von Anfang an begeistert von den Hunden und möchten natürlich auch mit ihnen etwas unternehmen. Konrad fährt uns mit vier Hunden und seinem Jeep über Stock, Stein und erkaltete Lavaströme direkt hoch an den Vulkan. Dort werden wir hinter die Hunde gespannt und es beginnt ein 8 km Trekking im Eiltempo – die Hunde ziehen uns hinter sich her, was unsere Laufgeschwindigkeit beträchtlich steigert. Wir sehen Araukarien in unberührter Natur und genießen atembe-raubende Ausblicke auf den Vulkan. Die Hunde kennen kein Pardon mit uns, sie wollen laufen und sich zwischendurch immer mal wieder von uns beschmusen lassen.

In Villarrica gibt es sogar einen deutschen Bäcker, bei dem wir uns am nächsten Tag mit Vollkornbrot und Brezeln versorgen, bevor wir in 50 km Entfernung ein neues Schotterpistenziel ansteuern, die paradiesischen Geometricas Thermen. Nach einer endlos langen Anfahrt erreichen wir die wohl schönste Therme der Welt, konzipiert vom chilenischen Stararchitekten Germán del Sol, weit abseits der Touristenströme gelegen. Man badet in unterschiedlichen Pools, die sich entlang eines Bachs die vulkanische Klamm hinaufwinden. Ein 38 Grad warmes Bad unter üppiger Vegetation, Farben und Wasserfällen. Unglaublich schön, aber leider für die Einheimischen viel zu teuer, so vermuten wir.

Die Tage auf der Husky Farm gehen schnell vorüber, aber wir möchten alle noch einmal herkommen, natürlich im Winter, um mit dem Hundeschlitten die Anden zu erkunden.

Gallopping Chicas

Puerto Octay – Cochamo – Bariloche – El Bolson –
Trevelin, 11.-15. Dezember

Von Villarrica nach Osorno ist es nur ein Katzensprung. Der Vulkan Osorno strahlt uns schon von weitem weiß entgegen. Er liegt spektakulär am Lago Llanquihue. Nach einer Mittagspause in Panguipulli, wartet schon das nächste Gästehaus und wieder werden wir mehr als freundlich aufgenommen. Nadia aus Chile und Armin aus der Schweiz betreiben das Gästehaus Zapato Amarillo seit 17 Jahren, beide versorgen uns so fürsorglich mit Tipps für die Reise in den Süden, dass es uns schon fast unangenehm wird. Schließlich bleiben wir nur eine Nacht, obwohl die grasbedeckten Häuser und der Blick auf den Osorno einfach zum Verweilen einladen. Das Frülıslück am nachsten Morgen mit hausge-machtem Kuchen, Bircher Müsli und Vollkorn-Brot lässt uns kurz schwanken, aber wir müssen weiter, viele Kilometer Richtung Süden, vorwiegend auf Schotterpisten (und wieder zurück). Mehrfach senden wir ein dankbares Stoßgebet gen Himmel, dass unser Autovermieter uns einen kostenfreien Upgrade angeboten hat. Mit einem normalen Jeep wäre es eng und teuer geworden (Diesel ist hier rund 40 Center billiger). Eben diesen Treibstoff verheizen wir gerade bei einer Rundfahrt um den Llanquihue See und der

Weiterfahrt nach Cochamo. Das Dorf liegt sehr abseits, ist aber noch schön ursprünglich und einen Ausflug wert. Unser Gastgeber in Cochamo ist Manuel, ein chilenischer Pferdefreund, der gerade zusammen mit seiner Frau Sylvie aus dem französischen Jura und dem 15 Monate alten Noah ein Gästehaus in absoluter Einsamkeit aufgebaut hat. Der Blick von hier aus auf den Fjord ist sagenhaft. Wir werden irgendwie in die kleine Familie aufgenommen, denn noch gibt es nicht so viele Gäste und so teilen wir Wohn- und Essbereich. Nele ist im Pferdefieber und begleitet Manuel auf einen ersten Ausritt. Die 3 erst vor kurzem angeschafften Pferde brauchen noch etwas Übung. Wir wandern, soweit wir können, durch das wilde Cochamo-Tal und beschließen, drei Tage zu bleiben. Auf dem Rückweg treffen wir zufällig auf Sven, den wir zuvor bei Nadia und Armin schon einmal getroffen hatten. Sven ist in Buenos Aires mit dem Fahrrad gestartet und durchquert und umrundet Südamerika. Wenn man bedenkt, wie windig es hier ist und dass die besseren Straßen weitgehend aus groben, staubigen Steinbrocken bestehen, ist das eine beachtliche Leistung, für die wir viel Bewunderung aufbringen.

Am nächsten Tag kann auch ich den gutmütigen, chilenischen Vierbeinern nicht widerstehen und reite mit Manuel und Nele vier Stunden den Berg hinauf und hinunter. Nele und ich genießen die tolle Aussicht auf den Meeresarm und die schneebedeckten Vulkane. Unser Ausritt lässt uns auch zweimal bei Seniora Marina und Senior Casanova pausieren, die uns ihren Garten zeigen und in ihre wirklich bescheidene Hütte einladen. Die beiden leben hier völlig autark ohne Heizung und nur mit dem Nötigsten. Aber an Senior Casanovas gebräunten, tiefgefurchten Gesichtszügen erkennt man schnell, dass es nicht viel braucht, um glücklich zu sein. Er scheint eine Schwäche für blauäugige Blondinen zu haben, denn ich werde mehrfach mit Küsschen rechts und viel Aftershave begrüßt und verabschiedet. Der krönende Abschluss des Ausritts ist das von Manuel angekündigte "Gallopping", allerdings erst, nachdem er sich unserer Reitkünste auch ganz sicher war. Da ich den Boss der Herde unter mir habe, brauche ich bloß an die Möglichkeit eines kleinen Sprints zu denken, da macht sich Torino (die Pferde haben alle Namen von Schweizer Schokoladen) schon bereit und wir sausen aus dem Stand in gestrecktem Galopp davon. Jan, Mika, Sylvie und Noah erkunden derweil eine Natur-Therme in der gegenüberliegenden Bucht, die sich als nicht sehr schön herausstellt. Zumindest kann sich Mika dort eine eigene Badewanne buddeln. Auf der Weiterfahrt gen Süden umrunden wir noch einmal den Vulkan Osorno, um dann über den

Andenpass nach Bariloche in Argentinien auf die Ruta 40 zu fahren. Das interessante Getümmel an der Grenze lässt sich schwer beschreiben. Wir fahren erst einmal forsch an mehreren Gebäuden vorbei, werden dann aber von einem wie immer freundlichen chilenischen Grenzer vor der Schranke zurückgewiesen. Er gibt uns so etwas wie einen Laufzettel, den man sich abstempeln lassen muss. Glücklicherweise hat Nele eine positive Ausstrahlung auf die jungen Zöllner, so dass ein kurzer Blick in den Kofferraum uns vor der Vernichtung unseres eben zum Mittagessen erworbenen Asados (an der Straße gegrillte Kuh) bewahrt.

Auf der anderen Seite, in Argentinien, verändert sich die Umgebung stetig. Wir sehen zum ersten Mal, wie eine Vulkanaschedecke die Landschaft verändern kann und bekommen einen ersten Vorgeschmack auf die Pampa. Nach 10 Tagen Sonne pur erwischt uns nun das erste Gewitter in Bariloche. Dort übernachten wir günstig in einem rustikalen, leergefegten Wintersporthotel bevor es am nächsten Tag weitergeht über El Bolson in den Nationalpark Los Alerces und Trevelin. Die Einsamkeit rückt immer näher. Auch die argentinische Wirtschaftskrise bekommen wir zu spüren, denn der Geldautomat spuckt nur in begrenztem Maße argentinische Pesos aus. Ich plündere die Bank mit drei Kreditkarten und bin froh über die in Chile getauschten US-Dollar. Unser Notgroschen wird somit gleich zur Standardwährung. Auf dem Weg stranden wir in Cholila, wo einst Butch Cassidy sein Unwesen trieb. Testosteron im Übermaß scheint immer noch vorhanden zu sein, wie wir per Zufall bei den heute stattfindenden Reiterspielen feststellen.

Ruta 40

Bariloche/Trevelin bis El Chalten auf der Ruta 40, Argentinien, 14.-18. Dezember

Wir fahren einige Stunden durch den wilden Nationalpark Los Alerces, dann geht es nach einer Übernachtung in Trevelin endlich weiter auf die legendäre Ruta 40. Wir entscheiden uns spontan für die Route über Argentinien und planen den Rückweg durch Chile auf der Carretera Austral. Beides sind Traumstraßen in mäßigem Zustand und nur in Teilen asphaltiert. Weil viele Besucher die lange Fahrt scheuen und die Hot Spots mit dem Flugzeug oder Bus bereisen, sind wir bald allein auf weiter Flur. Überraschenderweise ist der Straßenzustand der Ruta 40 meist besser als erwartet und wir kommen schneller voran als gedacht. Entgegen der in den Reiseführern gängigen Meinung, die Fahrt durch die Pampa sei eintönig, sind wir mehr als begeistert! Das weite Land ist unbeschreiblich schön und alles andere als einsam: Lama-Herden, Pferde, Flamingos, Nandus, Kondore und Gürteltiere streifen durch die Landschaft. Die angekündigten Probleme bei der Benzinbeschaffung bewahrheiten sich nicht und der Reservekanister ist immer noch gut gefüllt, als wir im kleinen Örtchen Perito Moreno (gemeint ist nicht der Gletscher) nach 600 km Fahrt eine Bleibe suchen. Der Ort liegt mitten im Nichts und wurde offenbar auch von Google noch nicht geortet. Weder GoogleMaps noch unser Navigationssystem werden fündig. Dabei liegt der Ort wirklich strategisch günstig auf der Route nach Süden. Leider existiert das von uns angepeilte Gästehaus nicht mehr, also nehmen wir mit einem der beiden Hotels Vorlieb. Wir entscheiden uns für die Sparvariante und übernachten in einem spartanischen 4er Zimmer, direkt neben der Küche. Vor 24 Uhr und nach 5 Uhr morgens ist an Schlaf nicht zu denken, aber das passt auch irgendwie zu solch einem Abenteuer, finden wir. Am nächsten Morgen neigt sich unser Auto hinten verdächtig nach rechts – Plattfuß! Noch vor dem Frühstück macht Jan sich auf den Weg zum "Gomista", der den Reifen für sagenhafte 5! Euro in nur 30 Minuten frisch vulkanisiert und die darin feststeckende Schraube herausfummelt. Ich kümmere mich währenddessen erfolglos um die Bargeld-Beschaffung, denn alle Geldautomaten sind schon wieder leer. Die Argentinier stehen Schlange in der Bank und wir nagen weiterhin an unseren US-Dollar-Reserven.

Ungefähr 60 km südlich von Perito Moreno liegt die einfache Estancia Cueva de las Manos, wo wir uns für die nächste Nacht einbuchen. Von der Estancia aus führen 18 km Schotterpiste an den Rand eines sagenhaften Canyons. Wir fühlen uns wie Butch Cassidy persönlich, als wir in den Canyon hinunter und auf der anderen Seite hinaufklettern. Ziel ist eigentlich nicht der Canyon selbst, sondern die berühmte Cueva de las Manos, umständlich zu erreichen, aber UNESCO Weltkulturerbe und unbedingt sehenswert. Die Höhlenmalereien, zum Großteil aus Abdrücken von Händen bestehend, sind gut erhalten und weltbekannt. Kaum zu glauben, dass vor etwa 9000 Jahren Indianer diese Kunstwerke geschaffen haben. Zu sehen sind Hände von Frauen und Kindern, aber auch sehr filigrane Zeichnungen von Guanakos. Besonders beeindrucken uns die abgebildeten Jagdszenen, die sehr wahrscheinlich zeigen, wie Jäger sich am oberen Rand des Canyons verstecken und die Tiere so einkreisen und erschrecken, dass sie in die Schlucht stürzen. Eine äußerst energiesparende Methode, um an Nahrung zu gelangen! Man bekommt den Eindruck, dass der Rest der Familie sich derweil künstlerisch betätigt hat.

Der Tag Fahrpause hat uns gut getan, denn wir müssen am nächsten Tag die zweiten 600 km bewältigen, bis nach El Chalten, dem argentinischen Wanderparadies am Fitz Roy Massiv. 100 km der Strecke entpuppen sich als schlimmste Schotterpiste. Obwohl die Landschaft nun immer karger wird, treffen wir auf eine vielfältige, wenn auch unscheinbare Tier- und Pflanzenwelt. Immer häufiger sichten wir Kondore am Himmel. Diese größten flugfähigen Vögel der Welt gehören zur Familie der Geier. Sie schweben majestätisch durch die Lüfte, immer auf der Suche nach toten Tieren. Mika vertreibt sich die Fahrzeit mit seinen Hörbüchern, hauptsächlich von Astrid Lindgren und Erich Kästner, und schaut aus dem Fenster. Meist sieht er die interessantesten Dinge vor uns. Wir finden Hörbücher sehr praktisch für Fahrten wie diese, als er aber plötzlich zu berlinern anfängt, können wir das nur auf eine Überdosis „Emil und die Detektive" zurückführen. Auch an seinen etwas antiquierten Redewendungen merken wir, dass es bald Zeit wird, neue Hörbücher herunterzuladen.

Wir sind endlich in Patagonien! Richtig bewusst wird es uns, als wir aus dem Auto aussteigen und uns trotz Sommeranfang ein kalter, böiger Wind um die Nase weht. Irgendwo im Nirgendwo füllen wir noch einmal den Tank und einmal meinen wir die falsche Piste genommen zu haben. Das einzige uns passierende Auto, das wir versuchen anzuhalten, um nach dem Weg zu fragen, braust einfach vorbei. Letztlich schaffen wir es aber bis zum Abend nach El Chalten, dem beliebtesten Trekkingparadies der südlichen Anden. Endlich angekommen ist unser kleines Apartment mollig warm und wir freuen uns auf die Wanderungen der nächsten Tage.

Leise rieselt der Schnee

El Chalten, 18.-21. Dezember

Der Cerro Torre ist eine echte Herausforderung für Bergsteiger und sehr viele haben dort ihr Leben gelassen. Der Berg ist steil, spitz und nahezu durchgehend den rauen Winden des südpatagonischen Eisschildes ausgesetzt. Ständig ziehen Wolken durch das Fitz Roy Massiv, so dass man von Glück sagen kann, wenn man ihn überhaupt zu Gesicht bekommt. Wir versuchen es natürlich nicht mit einer Besteigung, sondern vergnügen uns zwei Tage auf den Nationalpark-Wanderwegen. Am ersten Tag wandern wir zum Mirador del Torre und genießen die wunderschöne Aussicht. Um näher an das Fitz Roy Massiv heranzukommen, machen wir uns am nächsten Tag auf den Weg zu einem weiteren Aussichtspunkt mit Gletscherblick und durch ein wildes Flusstal mit Märchenwald. Zwischenzeitlich rieselt der Schnee leise auf unser komplett benötigtes Outdoor-Equipment. Am folgenden Tag ist Sommeranfang auf der Südhalbkugel und der längste Tag des Jahres. Weiße Weihnachten im Sommer! Um uns herum nichts als Felsen, Schnee und Eis. Wir bleiben kontinuierlich in Bewegung, um nicht zu frieren. Nach einigen Stunden beim Aussichtspunkt angekommen, scheint sogar ein bisschen die Sonne. Unser Blick fällt auf ein atemberaubendes Gletscher-Gemälde aus Eis und Schnee. Gegen Abend bessert sich das Wetter zunehmend, trotzdem fehlt uns immer noch die freie Sicht auf den Cerro Torre, den rauchenden Berg, der sich meist hinter Wolken versteckt. Dann plötzlich dreht der Wind, der normalerweise Wolken aus dem patagonischen Eisfeld in das Fitz Roy Massiv bläst, und gibt die Sicht auf das gesamte Bergmassiv frei.

Die Tingelei durch lokale Outdoor-Geschäfte lehrt uns, möglichst keine Pesos vom Geldautomaten abzuholen. Auch ohne Schwarzmarkt tauschen viele Geschäfte Euro oder Dollar zu einem viel besseren Kurs. Wir überlegen, unsere beiden Zelte für den aktuellen Dollar-Preis in El Chalten zu verkaufen und uns den Erlös vom Käufer in Pesos auszahlen zu lassen. Aufgrund der Wirtschaftskrise ist es teuer, ausländische Produkte einzuführen, was die Outdoor-Ausrüster in El Chalten schwer trifft. Sie bekommen kaum Nachschub an hochwertigen Produkten, und wenn, müssen sie diese hoch versteuern. Jans in mühevoller Recherche in Deutschland erworbene Zelte sind daher heiß begehrt. Ein gutes Geschäft für beide Seiten, denn wir wollen keine Dollar, sondern Pesos für den weiteren Verlauf der Reise. Reich an Bargeld fahren wir weiter nach El Calafate zum berühmten Perito Moreno Gletscher. Neles 15. Geburtstag und Weihnachten stehen vor der Tür.

Touristenrummel

El Calafate/Perito Moreno, 22.-25. Dezember

El Calafate ist ein Phänomen – da fahren wir 1500 km durch die grandiose, menschenleere Pampa und landen in einem Gore-Tex-Mekka mit Reiseveranstaltern an jeder Ecke. Da die meisten Touristen per Flieger und Bus anreisen, sind diese den hiesigen Anbietern von Exkursionen schutzlos ausgeliefert. Nicht nur das, auch Selbstfahrer wie wir finden kaum Besichtigungsmöglichkeiten ohne vorherige Tour-Buchung. Unser Versuch die Estancia Nibeko Aike an Neles Geburtstag auf eigene Faust zu entdecken scheitert an der für Südamerika eigentlich untypischen Organisationssucht. Die Estancia lässt sich nur innerhalb eines "Ranch Days" besuchen, an dem der Teilnehmer dann

Schafsschur, Reitausflug und Asado (=traditionelles Lammgrillen) im 150 US $ p.P.- Paket buchen kann. Wir fahren trotzdem selbst hin und schlappen ohne viel Beachtung zu finden über das Gelände. Spätestens jetzt lernen wir: Individualtourismus gibt es hier nicht. Der einzige Ausflug, den wir dann doch buchen, führt in ein Gebiet ca. 1,5 Stunden südlich von El Calafate. Die an eine Mondlandschaft erinnernde Gegend beherbergt 70 Millionen Jahre alte Fossilien, die erst von einem Fluss zu sedimentiert und dann, bei der Entstehung der Anden, von Lava bedeckt wurden. Die eiszeitlichen Gletscher legten mit Millionen Jahren Zeitverzögerung die Sedimente wieder frei, so dass die frühsommerliche Schneeschmelze heute immer mehr sensationelle Fossilien zum Vorschein bringt. Einige Skelette sind schon im Museum in Buenos Aires, aber hier gibt es für Paläontologen immer noch viel zu entdecken. Das Gebiet wurde erst vor 10 Jahren der Öffentlichkeit zugänglich gemacht und so stapfen wir sorglos vorbei an Dinosaurier- Oberschenkelknochen und stehen plötzlich in einem versteinerten Wald, inmitten einer Vielzahl urzeitlicher Relikte. Zwei Kondore kreisen über unseren Köpfen, wir müssen in einer anderen Welt angekommen sein...

Am 24.12., Heiligabend, besuchen wir zum Abschluss den berühmten Perito Moreno

Gletscher (es handelt sich dabei nicht um den für Google bedeutungslosen Ort 700 km nördlich), der El Calafate den Wohlstand gebracht hat. Am Rande des 22.000 Quadratkilometer großen südpatagonischen Eisschelfs gelegen, ist es einer der wenigen Gletscher, der weiterhin wächst. Seine Ausmaße sind gigantisch und der Blick von der Aussichtsplattform lässt erahnen, wie es in der Antarktis, die nicht mehr so weit entfernt ist, aussieht. 80 km weit ist die Anreise und wir gehören zu den wenigen Glücklichen, die die Strecke mit dem eigenen Fahrzeug zurücklegen können und nicht auf den Tour-Bus warten müssen. Es gibt sicher nur wenige Orte auf der Welt, an denen man so leicht und so nah an einen Gletscher herankommt. Schon von weitem hören wir das Eis im Innern bersten. Die Sonne scheint um die Mittagszeit und da sollte man doch erwarten, dass die ein oder andere Scholle abbricht. Wie in einem Freilicht-Theater nimmt das Schauspiel dann wirklich kein Ende und vor uns brechen große Schollen mit ohren-betäubendem Lärm in den Gletschersee.

Es ist Zeit für den Heiligen Abend, den wir, entgegen aller üblichen Gewohnheiten, zwangs-läufig unspektakulär begehen. Alle Restaurants haben zu, aber wir finden eine Cafeteria wo wir uns mit einer (der letzten) Portion Cannelloni und ein paar Empanadas halbwegs den Magen füllen.

Unser Hotelzimmer wartet schon mit etwas Lametta am Kleiderbügel und einem Kinder-Monopoly-Spiel für Mika, einer Tasche für Nele und Keksteller für uns. Da wir am nächsten Morgen wieder über die Grenze nach Chile, Richtung Puerto Natales fahren, muss bis dahin alles aufgegessen sein. Die Chilenen verlangen empfindliche Strafen für die unerlaubte Einfuhr von Obst, Fleisch, Brot- und Milchprodukten.

Grenzüberschreitung

Punta Arenas (über Puerto Natales), 25.-28. Dezember

Von El Calafate aus wollen wir weiter gen Süden, nach Punta Arenas, der südlichsten Stadt auf dem amerikanischen Kontinent. Die rund 500 km lassen sich eigentlich an einem Tag bewältigen, da die Straße durchgehend asphaltiert ist. Allerdings müssen wir die argentinisch-chilenische Grenze überqueren, was viel Zeit kosten kann. Aus Angst vor einer Masseninvasion von Schädlingen, z.B. der Fruchtfliege, werden Einreisende sehr penibel überprüft. Obst, Gemüse, Wurst, Käse, Milchprodukte und Brot müssen vernichtet oder, unsere Strategie, vorher aufgegessen werden. Sicherheitshalber haben wir einen Zwischen-übernachtungs-Stopp in Puerto Natales einge-plant, denn wir wollen den ersten

Weihnachtsfeiertag nicht gänzlich im Auto verbringen. Wir wissen ja nicht, wie lange sich die Zollbeamten durch unser inzwischen mit Müllsäcken gegen den Staub geschütztes Gepäck wühlen möchten. Per Zufall landen wir am touristisch wenig frequentierten Grenzübergang bei Rio Turbio, einer hässlichen Industriestadt, die aber über eine recht hübsche Flussaue am gleichnamigen Gewässer verfügt. Nun endlich wissen wir, wie der Argentinier den ersten Weihnachtsfeiertag begeht: Massen-Asado im Freien! Am Uferbereich des Flusses wimmelt es nur so von Mehrgenerationen-Familien, die mindestens die Hälfte ihrer durchschnittlichen Jahresfleischration auf den provisorischen Grill schmeißen. Die Lage im Flusstal hat nämlich einen höchst attraktiven Vorteil: kaum eine Windböe ist zu spüren und es herrschen halbwegs sommerliche Temperaturen.

Der Zollbeamte an der Grenze konfisziert 5 Eier und eine Zwiebel, die wir nicht mehr verwerten konnten. Wir können damit leben, denn unser Weihnachtskuchen, argentinische Linzertorte, und die Plätzchen sind anscheinend keine gravierende Gefahr für die chilenische Wirtschaft.

In Puerto Natales angekommen, lässt uns im Gästehaus erst einmal niemand herein. Also zücken wir den Reiseführer und suchen nach einem Restaurant, das am 1. Weihnachtsfeiertag geöffnet hat, denn wir haben seit Neles Geburtstag nichts Warmes mehr im Bauch gehabt! Das, was wir finden, ist ganz nach unserem Geschmack: eine Pizzeria mit Holzofen und der leckersten Pizza, die wir seit langem gegessen haben. Außerdem gibt es frischen, grünen Salat, eine echte Rarität in diesen Breiten. Schnell finden wir heraus, dass (mal wieder) eine eingewanderte Schweizerin, die einen Chilenen geheiratet hat, hinter dem Erfolgsmodell steckt.

Die Häuser in Chile bestehen meist nur aus Pappwänden und Blechdächern und so ist unsere Nacht im Gästehaus etwas kurz. Den Kindern macht die Lautstärke im Haus wenig aus, aber Jan und ich sind inzwischen etwas empfindlich. Trotzdem starten wir am nächsten Tag neugierig unsere letzte Etappe nach Süden und nehmen die Ruta 9 nach Punta Arenas, oder viel besser: die Straße ans Ende der Welt, Ruta Fin del Mundo!

Punta Arenas ist auch bekannt als Wollhauptstadt Südamerikas und so wundert es nicht, dass wir mitten auf der Straße von einer Herde Schafe eingekeilt werden. Die dazugehörigen stolzen Gauchos auf ihren Pferden sind immer wieder schön anzusehen. In der Stadt angekommen sind wir überrascht, dass es fast großstädtisch zugeht. Punta Arenas hat zwei interessante Häfen, stattliche Gebäude und einen wirklich herrschaftlichen Friedhof. Die Stadt hat sich seit der Entdeckung der Magellan-Straße, die den Atlantik mit dem Pazifik verbindet, rasant entwickelt. Viele Siedler, die eigentlich dem kalifornischen Goldrausch nachjagen wollten, strandeten hier und machten ihr Glück mit Wolle, anstatt sich weiter über den wilden Ozean schaukeln zu lassen. Zudem mussten, bevor es den Panama-Kanal gab, alle Handelsschiffe hier vorbei. Es gibt protzige Stadtpaläste der Schafwollfabrikanten und der Glanz der vergangenen Tage ist im Stadtzentrum überall sichtbar. Stadteinwärts sehen wir von weitem einen Schiffsnachbau, der Mika aufschreien lässt: vier Schiffe sind oder werden gerade detailreich nachgebaut, die "Beagle" von Charles Darwin, die Ancud, das Schiff, das die ersten Siedler 1843 in die Region gebracht hat (und den Besitzanspruch Chiles sicherte), Shackeltons Expeditionsboot und eine spanische Galeere aus dem 16. Jahrhundert. Wir schauen uns alles an und blicken sehnsüchtig hinüber nach Feuerland, der Insel am äußersten Zipfel Südamerikas.

In der Innenstadt steht die Statue von Magellan unübersehbar auf der Plaza. Es macht Spaß, in Punta Arenas herumzuschlendern und sich treiben zu lassen, besonders auf dem Fischmarkt, wo es ein leckeres Mittagessen gibt. Das haben wir auch nötig, denn am Nachmittag um 5 Uhr wollen wir mit dem Boot zur Isla Magdalena, der Pinguininsel, fahren. Die Fahrt wird insgesamt 6 Stunden dauern. Das Wetter ist perfekt und für diese Breiten ungewöhnlich schön, denn es herrscht fast kein Wind und der Himmel ist blau. Und so warten wir brav mit 200 anderen Touristen auf die Ausgabe unseres vorgebuchten Tickets am Hafen. Natürlich ist dieser bürokratische Akt nicht pünktlich abgeschlossen und bei einigen deutschen Mitreisenden bricht Panik aus, das Schiff könnte ohne sie abfahren. Ich vermute, sie sind noch nicht sehr lange in Südamerika unterwegs. Wir schippern 2 Stunden zu dem kleinen Eiland, das von mehr als 200.000 Magellan-Pinguinen und – zu diesem Zeitpunkt – 200 Touristen bevölkert wird. Man kommt ganz nah an die Tiere heran, sieht sie überall brüten und ihre Kleinen umsorgen. Es ist ein entzückendes Schauspiel, denn egal wo man geht und steht sind Pinguine, die aus ihren Erdhöhlen herausschauen und uns neugierig beäugen. Auf der Rückfahrt lernen wir Thomas kennen, der für "Brot für die Welt" in Bogota arbeitet. So erfahren wir einiges über die Arbeit in der Entwicklungshilfe. Wir sind erst nach 23 Uhr zurück und fallen erschöpft ins Bett.

Das ungewöhnliche Sommerwetter verwöhnt uns auch noch am nächsten Tag, an dem wir uns entlang der Magellan-Straße auf die Spuren der ersten Besiedlung dieser unwirtlichen Gegend begeben. Bereits während der Fahrt werden wir von Delfinen begleitet, die nahe am Ufer fischen und ebenfalls das gute Wetter nutzen. In Fuerte Bulnes, ca. 20 km südlich von Punta Arenas, errichteten die Chilenen 1843 die erste Siedlung. Auf Initiative von Bernardo O' Higgins hatte Gouverneur Bulnes an dieser Stelle die Besitzansprüche Chiles an der Magellan-Straße geltend zu machen. Unglücklicherweise schickte die Regierung im Nachgang vermehrt Strafgefangene oder in Ungnade gefallene Soldaten nach Fuerte Bulnes, denn die Lebensbedingungen dort waren nicht gerade angenehm. Chiles Regierung war es aber wichtig, ständig an der Küste präsent zu sein und die Besiedlung beizubehalten. So wurde jedes vorbeikommende Schiff freundlich mit Kanonendonner begrüßt. Nach einigen Jahren verlegte man die Siedlung dann ein Stück weiter nach Norden, wo die Lebensbedingungen besser waren und Punta Arenas wurde gegründet. Später jedoch richtete einer der kriminellen Siedler ein furchtbares Gemetzel in Punta Arenas an, kaperte 2 Schiffe und machte Fuerte Bulnes 1851 dem Erdboden gleich. Das heutige Fort ist daher nur eine sehr detailgetreue Nachbildung des Bauwerks aus der damaligen Zeit. Die exzellente Führung hat uns neugierig gemacht und nun schauen wir uns auch an, wo die Siedler ihre letzte Ruhestätte fanden. Der Friedhof von Punta Arenas ist mehr als sehenswert! Man kann dort zwischen Grabstätten aller Art herumschleichen und die Geschichten der Kolonialisten studieren. Besonders einflussreiche Familien konnten sich ein großes Mausoleum leisten, für andere blieb nur ein kleiner Gedenkstein. Wir finden auch einige Gräber deutscher Einwanderer.

Die blauen Türme

Puerto Natales, 29. Dezember – 2. Januar 2015

Wir verbringen einen weiteren Vormittag in Punta Arenas, denn die Wäsche muss abgeholt und die Busfahrt Ende Januar organisiert werden. Der ältere Herr im Busticket-Verkaufsbüro von Andesmar behandelt unseren Fahrkartenkauf für den Bus von Puerto Montt nach Bariloche wie ein Endspiel der chilenischen Fussballnational-mannschaft. Es braucht ungefähr eine Stunde bis die Pässe überprüft, Plätze vergeben und die Tickets gedruckt sind. Dazwischen ist eine Reihe von Telefongesprächen mit der Buszentrale vonnöten, denn irgendwie funktioniert die Buchung online dann doch nicht und es gibt immer wieder Rückschläge und Erfolgserlebnisse, die von lautstarken Freudenschreien begleitet werden. Derweil füllt sich der kleine Laden mit weiteren Kunden, die alle mitfiebern, bis der Verkäufer endlich hocherfreut in die Hände klatscht und uns feierlich die Busfahrkarten überreicht. Die anderen, inzwischen wirklich lange wartenden Kunden, verabschieden uns fröhlich, als wir den Laden verlassen. Diese Situation ist sehr typisch für Chile und ungewöhnlich für uns. Da hält man den ganzen Laden auf, kaudawelscht wirres Zeug auf Spanisch und wird trotzdem in Ehren entlassen!

Zum ersten Mal seit wir in Südamerika sind regnet es in Strömen, also statten wir dem Salesianer-Museum einen Besuch ab, bevor es am Nachmittag wieder zurück gen Norden geht, nach Puerto Natales. Im Museum gibt es allerlei Skurriles zu betrachten, wie etwa äußerst kreativ präparierte Tiermodelle, oder sehr lebensnahe Darstellungen der Siedlungsgeschichte. Beispielsweise wird gezeigt, wie die Ureinwohner von Nonnen im Sticken und Weben unterrichtet wurden – die Kirche als Heilsbringer. Das von uns bei AirBnB gemietete Casa de Campo liegt kurz vor Puerto Natales, direkt an der Straße. Es ist geräumig, hell und mit Fernblick zum Nationalpark Torres del Paine. Endlich haben wir mal wieder unser eigenes Heim, wenn auch nur für fünf Tage. Ricarty, der Hausbesitzer, empfängt uns pünktlich um 18 Uhr vor seinem Haus, erklärt Nele alles (er spricht kein Wort Englisch) und kündigt einen weiteren Besuch mit seiner Frau an. Wir vermuten er ist bei der Polizei, denn das Haus ist vorbildlich abgesichert. Bei falscher Betätigung der alarmgesicherten Tür geht automatisch ein Anruf bei ihm ein.

Den vorletzten Tag des Jahres nutzt Nele zum Lernen. Jan, Mika und ich besuchen die Cueva de Mylodon, die nur 30 Minuten von Puerto Natales entfernt liegt. Hier hat der Deutsche Herrmann Eberhard im Jahre 1895/96 die Überreste eines Riesenfaultiers (Mylodon) von vor etwa 14.500 Jahren entdeckt. Auch wenn es sich spektakulär anhört, die Eberhardsche' Estancia liegt ganz in der Nähe und wir vermuten, dass er eher zufällig bei einem Jagdausflug über die Überreste des Tieres gestolpert ist. Wenngleich man nichts mehr erkennen kann (Überreste des Faultiers hatten wir am Vortag im Museum gesehen), ist die Höhle selbst sehr sehenswert. Wanderwege führen aufs Höhlendach, von wo aus man einen herrlichen Rundblick und die Chance auf Sichtung eines Pumas hat, denn in und um den Torres del Paine Nationalpark soll das Tier sein größtes Verbreitungsgebiet haben.

War am Vortag das Wetter noch mäßig, sind wir plötzlich im patagonischen Hochsommer angekommen. Selbst in der Touristeninformation staunt man ungläubig wegen der Prognose: 25 Grad und Windstille im Nationalpark Torres del Paine – eine Seltenheit! Zu Hause versinkt Süddeutschland im Schnee. Die Anfahrt in den Park ist langwierig und es erfordert etwas Geduld bei der Anmeldung im Parkbüro. Wir fahren um 8 Uhr morgens los und sind gegen 10.30 Uhr im zentralen Teil des Parks angekommen. Am Vortag und nachts hat es stark geregnet, das berühmte Bergmassiv hüllt sich noch in eine Wolkendecke. Aber wir vertrauen der Wettervorhersage und durchkreuzen die Gegend mit dem Auto, immer wieder unterbrochen von wunderschönen kleinen Wanderungen, zuerst ins Zentrum des Parks und gegen Nachmittag zum Lago Grey, einem Gletschersee, auf dem Eisberge Richtung Süden driften. Wir verlassen den Park über die südliche Zufahrt und genießen dabei das Panorama auf die inzwischen sonnenbeschienenen Berge – und eine Pizza in Puerto Natales. Es ist Sylvester. Der letzte Tag des Jahres endet für uns 4 Stunden später als in Deutschland, mit Sonnenschein und sub-polaren Temperaturphänomenen bis zum späten Abend. Vor 1 Uhr morgens ist es nicht einmal richtig dunkel, dabei hoffen wir endlich die Magellanschen Wolken, eine spektakuläre Sternenformation, zu sehen.

Auch hier hatte Magellan mal wieder seine Finger im Spiel: aus bekannter Quelle wissen wir, dass er sie 1519 auf einer Weltreise entdeckt hat. Uns blieb die Entdeckung bisher versagt, denn bisher waren wir entweder zu müde, oder der Himmel mit Wolken bedeckt. So fantastisch sind die Berg- und Seeblicke im Nationalpark, dass wir trotz Schlafmangels beschließen, die 2-stündige Anfahrt am 1. Januar noch einmal auf uns zu nehmen. Es ist zwar nicht mehr so warm, aber immer noch verhältnismäßig windstill. Am Vormittag bekommen wir Besuch von Ricarty und seiner Frau, die uns gleich mit einem herzlichen "felize ãnos" in die Arme schließt und unsere Spanischkenntnisse auf die Probe stellt. Bereits bei der Ankunft wurden wir mit einer Flasche Rotwein (ein Besuch in Chile lohnt sich schon allein wegen des Weins!), Fruchtsaft und Knabberzeug begrüßt, nun drückt man uns patagonische Edelschokolade und Gebäck in die Hand. Wir sind irgendwie peinlich berührt, denn Gutes aus Deutschland haben wir natürlich nicht vorrätig. Wir freuen uns sehr, so nette Vermieter gefunden zu haben und bereuen, dass wir nicht besser spanisch sprechen. Andererseits erntet Nele viel Lob für ihr Spanisch und wir finden es gut, dass sie auf diese Weise im Mittelpunkt steht. Erst gegen 13 Uhr brechen wir wieder in Richtung Torres del Paine auf. Die Sonne strahlt zwar nicht mehr so vom Himmel wie gestern, aber das

Bergmassiv ist trotzdem von allen Seiten gut sichtbar. Wenn einmal die Sonne herauskommt, glitzern die grünen Bergseen mit den farbenprächtigen Torres um die Wette. Wir glauben nirgendwo einen schöneren National-park zu kennen.

Man muss wirklich Mitleid haben mit dem israelischen Touristen, der 2012 sein gebrauchtes Toilettenpapier durch Verbrennen entsorgen wollte und so einen Großbrand auslöste. Tatsächlich ist ein Großteil der herrlichen Nothofagus-Bäume (Südbuchen) inzwischen zerstört worden, denn auch 2011 und 2005 sind Teile des Parks durch Unachtsamkeit niedergebrannt. Der arme Teufel wurde dazu verurteilt, die Kosten zur Wiederaufforstung zu übernehmen, sowie ein Umweltgutachten zu erstellen, inwieweit die Böden geschädigt sind, um dann natürlich für die Renaturierungskosten aufzukommen. Vorsichtshalber legte das Gericht auch schon mal fest, dass im Falle eines Zahlungsverzuges die israelische Botschaft haftbar gemacht wird.

Auf der Nordost-Seite des Parks grasen große Guanako-Herden, die sich von uns kaum stören lassen. Auch die Nandus erscheinen uns hier, im weiten Grasland, viel zutraulicher. Besonders viel

Spaß macht es, das Verhalten der Tiere zu beobachten oder mit ihnen zu kommunizieren – wir haben da eine spezielle und sehr erfolgreiche Technik zur Imitation von Guanako- Brunftlauten entwickelt…

Schweizerland

Ruta 40/Carretera Austral, Puerto Natales – Chile Chico – Bahia Murta, 2.-7. Januar

Verliebt in sein Lineal ist der Zöllner bei der Rückreise nach Argentinien am Grenzübergang Cerro Castillo. Wir starren fasziniert auf den jungen Mann, der in aller Seelenruhe und mit äußerster Konzentration Linien in ein Ringbuch einzeichnet, um dann die Namen und Pass-nummern der Grenzgänger einzutragen. Fast liebevoll beugt er sich über seine Bücher, eines für Busreisende und eines für Selbstfahrer wie wir. Wer hätte gedacht, dass es auf dieser Erde noch Menschen gibt, die ihre Arbeit auf diese Weise erledigen dürfen und dabei einen äußerst glücklichen Eindruck machen. Verständlicher-weise benötigt man mehr Zeit für den Grenzübertritt als an anderen Orten, aber dafür interessiert sich niemand für den Inhalt unseres Autos. Die sonst übliche Nahrungsmittelkontrolle bleibt uns erspart, worüber wir etwas enttäuscht sind, denn diesmal hatten wir kurz vor der Grenze alles vorschriftsmäßig aufgegessen! Zurück auf der Ruta 40 in Richtung Norden, hat sich der Straßenzustand der Piste erheblich verändert. Es muss stark geregnet haben in den letzten zwei Wochen, denn einige Teile der Straße stehen tief unter Wasser und unser roter Flitzer wechselt die Farbe wie ein Chamäleon.

Weil es uns auf dem Hinweg so gut gefallen hat, rasten wir für eine Nacht noch einmal in der Hosteria Cueva de las Manos. Die Zimmer sind sehr bescheiden, Matratzenlager, aber das Essen ist bestechend lecker. Außerdem fasziniert uns die farbenfrohe Landschaft, denn der eisenhaltige Boden rund um die Estancia leuchtet in allen erdenklichen Rottönen. Mika, Jan und ich machen gegen Abend einen Ausflug zu einem nahe gelegenen Wasserloch. Hier gibt es Flamingos, Guanakos, Nandus und Wildpferde tot und lebendig zu bewundern. Die Natur ist wüstenartig, der See fast ausgetrocknet und selbst die Blüten der bodenbedeckenden Pflanzen sind spitz wie Kakteen. Wir sind ganz allein mitten in der argentinischen Pampa, ringsherum unendliche Weiten und keine Menschenseele. Kaum vorstellbar, dass wir in gut 6 Wochen wieder im dicht bevölkerten Deutschland sein sollen.

Bei Chile Chico verlassen wir Argentinien und überqueren erneut die Grenze, diesmal Richtung Chile. Nach dem obligatorischen Grenzübertritts-Mahl passieren wir erfolgreich den Grenzposten und fahren auf die berühmte Carretera Austral, das chilenische Pendant zur Ruta 40, mit dem Unterschied, dass diese Straße auf den ersten 400 km wirklich in einem miserablen Zustand ist. Halsbrecherische Kurven und Rutsch-Schotter sind wir inzwischen gewohnt, nun wird es zusätzlich auch noch so steil, dass uns die Rippel bei gezwungen langsamer Geschwindigkeit in alle Knochen fahren. Der Reiseführer verspricht eine der atemberaubendsten Routen Patagoniens, sie führt entlang des Südufers des Lago General Carrera. Wenn sich Fahrer und Beifahrer nicht gerade auf den Straßenzustand konzentrieren, ist die Beschreibung auch tatsächlich zutreffend. Das Wasser schillert tiefgrün und türkis, weiße Schaumkronen kräuseln sich an der Oberfläche und der Wind peitscht Regenschauer über den See. Die Fahrt dauert viel länger als geplant, denn die Straße bestimmt das Tempo. Nur selten kommen uns Autos entgegen, in unsere Richtung (Norden) fährt keiner. Als wir endlich unser Ziel, den kleinen Weiler Bahia Murta (ca. 200 Einwohner), erreichen, ist es bereits 8 Uhr abends. Unser Paradies liegt noch ein paar Hundert Höhenmeter weiter bei Werner aus der Schweiz und Ninoska aus Chile, die neben ihrer

184

kleinen Landwirtschaft auch Feriengäste beherbergen, sofern diese es schaffen, den 30-minütigen Fußweg zu ihrer Berghütte zu finden. Wir beladen uns mit dem Nötigsten und stiefeln los, leider erst einmal in die falsche Richtung. Gegen 9 Uhr finden wir endlich das Haus und werden herzlich auf Spanisch und Schweizer-Deutsch begrüßt. Diesmal treffen wir auf einen echten Pionier! Werner hat sich 1987 großartige 160 Hektar Land in dieser damals noch vollkommen unerschlossenen Gegend gekauft. Bis heute führt keine Straße zu dem einfachen, aber urgemütlichen Blockhaus mit See-Panorama. Seit erst 3 Jahren gibt es Telefon und Internet. Ein Stückchen weiter haben die beiden eine einfache Hütte mit Holzofen, die für die nächsten 3 Tage die unsrige ist.

Zu allererst muss ich aber nochmal los, den Berg wieder hinauf. Diesmal begleiten mich Werner und das Pferd "Navidad", das netterweise zu so später Stunde unser Gepäck vom Auto zur Hütte transportiert. Nach einer Stunde sind wir zurück, inzwischen ist es dunkel und der patagonische Wind pfeift mit vollen Kräften. Ninoska und die anderen haben mit dem Essen gewartet, es gibt Gemüsesuppe, Empanadas und eingelegte Pfirsiche. Bis nach Mitternacht sitzen wir zusammen und quetschen Werner über den Hof und das Leben in Chile vor und nach Pinochet aus.

Mika ist unterdessen auf der Küchenbank eingeschlafen. Am nächsten Morgen erwartet uns Alakin, der 13-jährige Sohn von Werner und Ninoska. Die Verständigung ist nicht ganz einfach, aber irgendwie klappt es. Er führt uns in den Wald und zeigt uns die Wasserturbine, über die die Familie ihren Strom bezieht, die Schafe, Ziegen und Alpakas und zu guter Letzt die klaren Quellbäche, die sich über das Grundstück in den Lago ergießen. Die Familie lebt hier weitgehend autark von allem was die Natur zu bieten hat. Für Alakin bedeutet das eine naturnahe, unbeschwerte Kindheit mit vielen Vor- aber auch Nachteilen. Wenn er nächstes Jahr die 8. Klasse vollendet hat, muss er zu einer Gastfamilie ins 200 km entfernte Cohyaike ziehen. Jetzt sind gerade Ferien, aber während der Schulzeit muss er jeden Morgen und jeden Abend den Weg zur Straße laufen und dann noch einmal eine halbe Stunde zur Schule nach Bahia Murta gefahren werden. Dort besuchen derzeit 35 Schüler die 1.-8. Klasse. Alakin trainiert jeden Tag eisern für seinen größten Traum – einmal bei Bayern München Fußball zu spielen!

Weil viele Bauern ihr Land aufgegeben haben und in die Städte abgewandert sind, hat sich der Puma in den letzten Jahren auf den verwilderten Landstrichen so stark vermehrt, dass immer mehr Schafe und Ziegen gerissen werden. Werner hat daher vier Hütehunde angeschafft, die den Tieren Schutz vor den Pumas bieten. Auch wir werden bei unseren Streifzügen durch den Wald von den Vierbeinern begleitet. Es gibt kein schöneres Gefühl: Es ist früh morgens, der Ofen ist längst kalt, draußen braust der Wind um die Hütte und man selbst liegt wohlig-warm eingekuschelt im Bett – zumindest bis zu dem Zeitpunkt, an dem man aufstehen sollte. Dann widmet man sich zu allererst der erkalteten Wärmequelle und entwickelt schnellstens Techniken zur Reanimation des Feuers.

An diesem Tag fahren wir 30 km weit zu den berühmten Marmorkapellen bei Puerto Tranquillo. Alakin begleitet uns und wir vertreiben uns die Zeit im Auto mit spanisch-deutschen Ratespielen. Während wir mit dem Boot durch die wunderschön geformten Marmorinseln schippern, sehen wir zwei Kanuten, einer davon ist Sven! So treffen wir uns zum dritten Mal auf dieser Reise ganz zufällig. Wir setzen die Fahrt fort und erforschen das wilde, unberührte Valle Exploradores. Das Tal wurde erst in den 30er Jahren von dem Deutschen Herrmann Grosse entdeckt und ist bis heute noch nicht ganz erschlossen. Bei km 80 hört die Straße einfach in der Wildnis auf, so dass man den Zugang zum Pazifik nur noch zu Fuß erreichen kann. Wir begnügen uns mit einer kurzen

Wanderung zum Aussichtspunkt auf einen der Gletscher, die vom patagonischen Eisschelf ins Tal hinunter drängen. Ebenfalls interessant ist die kurze Stippvisite bei Karin und Thomas, die sich vor 13 Jahren bei km 44 eine Existenz im Tal aufgebaut haben. Selbst die Chilenen wundern sich über diese beiden, die tagein tagaus den widrigen Bedingungen im Tal trotzen. Die kleine Daniela ist vier Jahre alt und das einzige Kind im Umkreis von 100 km! Wir bleiben auf einen Kaffee und hören uns gespannt ihre Geschichte an. Sie sind ganz anders als die bisherigen Auswanderer, die wir kennengelernt haben. Die Einnahmen der Hochsaison müssen reichen, um über den Winter zu kommen, das klappt gerade so. Wir bezahlen brav unseren Kaffee und ziehen weiter. Die kleine Daniela ist enttäuscht, sie hätte sicher gerne noch etwas länger Unterhaltung gehabt.

Was gestern war ist auch noch heute

Coyhaique – Puyuhuapi – Chaiten, 7.-13. Januar

Am liebsten würden wir unseren Aufenthalt in Suizaike (zu Deutsch: Schweizerland) um zwei Tage verlängern, aber ein Blick auf die Karte genügt und es wird klar, dass wir weiter müssen.

Die Fähre von Chaiten zur Insel Chiloe, unserem nächsten Ziel, fährt nur einmal pro Woche. Wir haben Tickets für den 13. Januar. Also sagen wir Lebewohl zu Hund, Katz und Hof und fahren gen Norden bis nach Coyhaique. 100 km Rutsch-Schotter gibt unserer Heckscheibe bei km 97 schließlich den Rest. Weder ein entgegenkommendes Auto, noch ein Stein von der nahen Felswand sind schuld. Es knallt und Mika stellt nüchtern fest, dass die Scheibe direkt hinter ihm aussieht wie ein Miniatur-Puzzle. Das ist unangenehm, denn einige Sekunden später bricht die gesamte Scheibe in 1000 Stücke und rieselt auf die Köpfe der Kinder. Niemand ist verletzt, nur, dass wir mal eben 100 Euro der Carretera Austral und ihrem Waschbrettschotter geopfert haben. Dabei beginnt nur 3 km weiter die asphaltierte Straße! Die beeindruckende Landschaft nehmen wir nur noch halbwegs wahr, denn die nächsten 100 km bis Coyhaique werden zu einer luftigen Unternehmung, nicht nur auf der hinteren Sitzreihe.

Die Stadt ist immerhin eine Metropole in Patagonien und Dreh- und Angelpunkt von allerlei Geschäftsleben, so sind wir guter Dinge das Problem irgendwie zu lösen. Zwei Tage später müssen wir weiter nach Puyuhuapi, denn wir sind zu Gast bei Luisa Ludwig, Tochter eines sudetendeutschen Einwanderers, der den Ort

1935 gegründet hat. Unser Mietwagen-Anbieter lässt sich Zeit und mit einiger Verspätung erhalten wir die Adresse einer Glaserei, die die Heckscheibe nicht vorrätig hat, sie aber einbauen könnte. Trotzdem gibt es wieder eine schnelle, unkomplizierte Lösung: Er schickt uns zu einem Laden, der eher einem Schrottlager ähnelt, als einem Ersatzteil-Lieferanten. Nach einer Tiefenbohrung im extravaganten Hinterhof halten wir erleichtert die Scheibe im Arm und pilgern zurück zum Glaser. Drei Stunden später holen wir das Auto ab und zuckeln mit größter Vorsicht zum Gästehaus, denn das Aushärten des Fensters benötigt eigentlich mindestens 12 Stunden.

Eigentlich lassen uns die Chile-Einwanderer doch nicht los. Im Casa Ludwig, bei Luisa, fühlen sich Liebhaber der 50er Jahre so richtig wohl. Das Haus wurde von Luisa Ludwig genauso erhalten, wie es 1956 erbaut wurde. Das Interieur ist stilvoll und urgemütlich. Die Holzböden sind blitzblank gebohnert, "Vorsicht auf Socken...", steht im Treppenhaus und die Original-Kabel sind zweckmäßigerweise auf Putz verlegt. Luisa selbst passt perfekt in dieses Haus und wir führen mit ihr eine sehr interessante Unterhaltung über die Geschichte Chiles und Pinochets Militärdiktatur. Sie lebte von 1968 bis 1987 in Deutschland und kam erst kurz vor Ende des Pinochet-Regimes in ihr Elternhaus zurück. Gerade hat sie ein Buch über die Besiedlung von Puyuhuapi veröffentlicht, in dem Zeitzeugen sich erinnern. Heute, vor genau 80 Jahren, kamen Otto Übel, Claudio und Ernesto Ludwig und Walther Hopperdietzel mit ihrem Boot in der Bucht an – es war der 10. Januar 1935. Die vier Abenteurer wollten eine Siedlung in einer Gegend gründen, die ihrer Heimat Rossbach in Sudetendeutschland klimatisch und landschaftlich ähnelt. In Puyuhuapi, am Ende eines weit ins Landesinnere reichenden Pazifikfjords, hatten sie ihre neue Heimat gefunden. Ihre Familien, Freunde und andere Ausreisewillige sollten in den Jahren 38/39 folgen, doch der zweite Weltkrieg machte alle Pläne zunichte! Es blieb bei den Vieren, die es erst nach dem Krieg schafften, ihre Familien nachzuholen. Sie handelten mit Holz und gründeten eine Teppichmanufaktur, die man heute noch besichtigen kann. Wir erkunden den kleinen, beschaulich am Fjord liegenden Ort und stoßen dabei auf so manchen Hinweis der deutschen Siedlungsgeschichte. Besonders extravagant ist der Friedhof: Im Gegensatz zu Deutschland ist die Friedhofskultur in dieser Abgeschiedenheit Chiles bunt und kreativ. Selbst die einfachsten Gräber werden mit Plastikblumen und allerlei Andenken an die Lieben ausstaffiert. Die dazugehörige Kapelle beherbergt einen einfachen Altar, über dem es durch große Löcher in den Innenraum regnet und das Holzkreuz auf dem Dach ist von

Flechten überwuchert. Obwohl ich Friedhöfe verständlicherweise lieber meide, gefällt mir dieser sehr – ein nettes Plätzchen, an dem man in Ruhe und ohne viel Tam-tam vor sich hin modern könnte. In Puyuhuapi gibt es neben den schönen Siedlerhäusern und dem Friedhof noch eine weitere Attraktion: den hängenden Gletscher. Nach einer 5-stündigen Wanderung erhaschen wir den besten Blick darauf. Es geht steil bergauf durch Matsch und Bäche, unter uns tost der Gletscherbach. Obwohl jetzt Sommer ist in Patagonien, regnet es häufig, denn gerade auf der chilenischen Seite sind wir der Pazifikküste nah.

Während der Weiterfahrt nordwärts, von Puyuhuapi nach Amarillo (südlich von Chaiten), regnet es dann immer mehr und der Schotter fliegt uns um die Ohren. Ein El-Niño-Jahr, das ist weitreichend bekannt, und diese Tatsache wird auch von Chilenen, die sich gerne über das Wetter beklagen, immer wieder erwähnt. Ausgerechnet jetzt wird die Straße ausgebaut und täglich für einige Stunden gesperrt, wegen der für die Erweiterung notwendigen Sprengungen. Erstaunlicherweise begegnen wir in dieser Gegend immer wieder zahlreichen Radfahrern, die sich bei Staub und Nässe verbissen über die Carretera Austral arbeiten, wohl mehr eine Reise ins Ich, als ein touristisches Vergnügen. Besser ergeht es da den Motorradfahrern, die zwar die meiste Zeit zwecks

Ausbalancierung im Stehen fahren müssen, dafür aber mit durchwattierten Ganzkörper-Anzügen gegen Schmutz und Steine geschützt sind.

El Amarillo, 25 km vor Chaiten gelegen, ist ein richtiges Bilderbuchdörfchen. Der Amerikaner Douglas Tompkins hatte Anfang der 90er Jahre seine Anteile an der Firma Esprit verkauft und widmet sich seitdem ökologischen Fragestellungen. Einen Großteil seines Geldes investiert er in den Pumalin-Nationalpark, der somit nicht nur Chiles größter, sondern auch einziger Park in Privatbesitz ist. Douglas Tompkins machte damit auch den Plan der Stromindustrie, eine Stromtrasse längs durch das schmale Land und seine Naturwunder zu bauen, zunichte. Tompkins hat in den letzten 20 Jahren den Park nicht nur erweitert, sondern auch die Infrastruktur erheblich verbessert. In Amarillo wurden alle Häuser im alten Stil restauriert, somit hat das so genannte "Village Beautification Project" den Menschen am südlichen National-parkende ein großzügiges Geschenk gemacht. Alles ist sehr schön hergerichtet und man fühlt sich fast, als würde man durch eine englische Grafschaft fahren. An der Straße treffen wir auf ein kleines Fest, einen Markt, auf dem biologisch-organisches Gemüse und leckere Bratwürste angeboten werden. Das alles passt so gar nicht zu dem, was wir bisher in Chile gesehen haben. Noch deutlicher wird der Kontrast, als wir weiterfahren nach Chaiten, das im Mai 2008 beim Ausbruch des Vulkans El Chaiten von einer Flutwelle vollkommen zerstört wurde. Auch der Nationalpark war für einige Zeit nicht zugänglich. In Chaiten ist heute zwar fast alles wieder aufgebaut, trotzdem trifft man noch auf Ruinen und schon wieder auf die allerorts üblichen Wellblechbehausungen. Um Chaiten wieder hübsch aufzubauen, scheint es keine kalifornische Finanzspritze gegeben zu haben.

Wir bleiben zwei Tage in El Amarillo und haben genug Zeit, uns die Auswirkungen des Vulkanausbruchs genauer anzusehen. Seit kurzem gibt es einen Wanderweg, der es ermöglicht, bis zum Kraterrand des immer noch qualmenden Vulkans aufzusteigen. Nachdem wir nun schon so viel gewandert sind, stiefeln wir los und vertrauen der guten Kondition unserer Kinder. Laut Touristeninformation braucht man für die Strecke nur drei Stunden, wir brauchen sechs! Nicht wegen der Kinder, sondern wegen uns Erwachsenen. Der Pfad führt 1000 Höhenmeter steil bergan, zwar unterstützt durch Stufen, allerdings sind diese so hoch, dass die Art der Fortbewegung mehr ein Klettern als ein Wandern ist. Eine Tortur für die Knie, für die wir aber mit einem ehrfürchtigen Blick in den bedrohlich aussehenden Krater belohnt werden.

Ein schöner Anblick ist es nicht, aber vermutlich kann man nirgendwo sonst so eindrücklich die Kraft der Naturgewalten erleben. Wir sind erst spät zurück in unserer schönen Cabana, unser Vermieter bringt uns Wein und Schokolade (denn hier verwöhnt man seine Gäste noch) und wir sind ein bisschen wehmütig, dass wir Festland-Patagonien am nächsten Tag schon verlassen. Die Fähre bringt uns morgen auf die Insel Chiloe, wo wir eine ganze Woche verbringen werden.

Die Insel der Wollmützen

Chiloe (Quellon – Castro – Ancud), 13.-20. Januar

Eine Inspektion der Rettungsboote sollte man lieber unterlassen, wenn man in Südamerika auf Reisen ist. Chile hat mit Sicherheit den besten Standard, trotzdem würde dieses Schiff in anderen Gewässern vermutlich nicht mehr fahren. An der Beschriftung lässt sich der Vorbesitzer, Griechenland, noch deutlich erkennen. Zum Glück herrscht kaum Seegang, so dass man es unter Deck auch ohne Pillen aushalten kann. Dafür werden alle Passagiere per Bordfernseher, den wir leider direkt vor uns haben, mit einer drittklassigen, brutalen Version von King Kong betäubt – uns bleibt nichts anderes übrig, als Mika eine kindgerechte, flimmernde Alternative auf Neles Tablet zu bieten. Chilenische

Kinder scheinen derart häufig vor dem Fernseher zu sitzen, dass sie entweder vollkommen abgestumpft sind, oder den Kasten einfach nicht mehr wahrnehmen. Wir brauchen fünf Stunden von Chaiten nach Quellon auf der Insel Chiloe und halten die ganze Zeit erfolglos Ausschau nach Blauwalen, die in diesen Gewässern heimisch sind. Als wir ankommen herrscht eine Stimmung, wie in einem schwedischen Wallander-Krimi: dichter Nebel und Nieselregen, das Wasser unnatürlich unbewegt und kein Geräusch ist zu hören, außer dem ächzenden Schiffsmotor, der die Rostkiste im Schneckentempo beständig vorwärts treibt.

Etwa drei Stunden und diverse Straßenbaustellen später, erreichen wir endlich die Inselhauptstadt Castro – bei strahlendem Sonnenschein! Unser Gästehaus ist ein so genanntes „Palafito", ein Haus auf Stelzen, das halb im Wasser des Fjordes versinkt. Früher war das praktisch, denn so konnten die Fischer mit ihrem Boot direkt unters Haus fahren. Castro ist berühmt für seine Wasserstraßen am Fjord, dessen Häuser teilweise stilvoll restauriert wurden. Ein erster Abendspaziergang führt uns ins belebte Zentrum der Stadt, zur Plaza de Armas, mit einer der auf der ganzen Insel zahlreichen Holzkirchen. 16 davon sind seit dem Jahr 2000 Weltkulturerbe. Die Kirche in Castro ist die größte, bunteste und prächtigste von allen. Die Farbwahl der Außenfassade ist gewagt: lila, gelb und blau.

Das sonst häufig verregnete Chiloe überrascht uns mit bestem Wetter. Wir nutzen es aus und verbringen die nächsten zwei sonnigen Tage im Nationalpark an der Westküste bei Cucao. Ein klitzekleines Tier, das noch nicht erwähnt wurde, begegnet uns immer häufiger an den zahlreichen Fuchsien-Büschen am Wegesrand: der Kolibri. Bereits in unserer Almhütte bei Ninoska und Werner hatten wir ihn gesichtet. Die Vögel sind hier sehr häufig und es macht Spaß, ihnen bei der Nektarsuche zuzuschauen. Cucao ist der einzige Ort mit schnellem Zugang zum Nationalpark. Außerdem findet man dort einen endlos langen Sandstrand und die Möglichkeit diesen auf chilenische Art zu erkunden, per Pferd und mit Gaucho-Begleitung. Wir teilen uns auf, Nele und ich nehmen (mit Vergnügen) den 3-stündigen Ausritt am Strand, Jan und Mika leihen ein Kajak und paddeln durch die im Ort zahlreichen Wasseradern, die alle ins Meer münden. Padro, unser waschechter Gaucho, hat sich inzwischen wohl an das weibliche Publikum gewöhnt. In Chile steht das Reiten traditionell den Jungs zu, die schon früh an den Rodeo-Sport herangeführt werden. Die Pferde sind ein Traum und unser Ausflug der ultimative Kick für Reitbegeisterte: Wir galoppieren zu dritt gemächlich den menschenleeren Strand entlang, vor uns nichts als Weite und neben uns das tosende Meer.

Zum Ausgleich kümmern wir uns am dritten Tag (es regnet wieder) um die Schule, genauer gesagt, um Geschichte und die Weimarer Republik. Das Material im Internet hilft Nele sehr, und auch uns macht es Spaß, unser Wissen aufzufrischen. Es bleiben fast noch vier Wochen bis zum Rückflug, von denen wir drei in angemieteten Wohnungen verbringen werden. So hat Nele etwas mehr Zeit und Ruhe, den Schulstoff nachzuholen. Eigentlich hat sie ein gutes Gefühl, denn wir haben die Themen der meisten Fächer immer mal wieder durchdiskutiert und während der Autofahrten gelernt. In Englisch und Spanisch hat sie sogar sehr viel mehr dazugelernt, als wir dachten. In Mathe und Physik dagegen gibt es bestimmt Nachholbedarf. Weil wir jetzt weniger schnell vorankommen müssen, bummeln wir noch einen ganzen Tag durch Castro, schauen uns die wunderschöne Kirche, den Hafen und den Kunsthandwerksmarkt an. Die Auswahl an preisgünstigen Wollpullovern, Ponchos und Mützen erschlägt uns förmlich. Überall sitzen Frauen und stricken oder basteln um die Wette. Am Ende landen wir mal wieder bei Lachs und Merluza in einem der einfachen Palafito-Restaurants am Wasser. Hier heißt es alle Augen zudrücken und die klebrige Tischplatte ignorieren, der Fisch aber ist frisch und wirklich lecker.

Am Folgetag streifen wir nordwärts über die Insel und stellen fest, dass es hier mindestens hundert Mal mehr Handwerksprodukte aus Wolle oder Bast gibt als Einwohner. Shop an Shop reiht sich unten am Hafen aneinander, und das nicht nur in Castro, sondern in jeder noch so kleinen Siedlung. Man findet Kaschmirschals und grob gestrickte Kinder-Pullover aus hiesiger Schafswolle für zehn Euro. Eigentlich sind dem Erfindungsreichtum der Menschen keine Grenzen gesetzt, denn es wird alles be- oder gestrickt: Schlüsselanhänger, Stulpen, Mützen, Kleider, Socken, Bäume – und sogar die Marienfiguren in den Weltkulturerbe-Kirchen bekommen ein wärmendes Wollkleid. Wer Ponchos mag, kommt ganz auf seine Kosten, wird aber Schwierigkeiten haben die vielen Lieblingsstücke nach Hause zu befördern. Interessant finden wir, dass die Chilenen sich dagegen am liebsten im Vollpolyester-Trainingsanzug oder in Leggings unters Volk mischen. Da wir uns in den letzten Monaten kaum mit der aktuellen Mode beschäftigen konnten, könnte es aber auch sein, dass Leggings in Europa gerade wieder en vogue sind.

In Colo, einem kleinen Weiler auf dem Weg nach Ancud, steht eine kleine, wunderschöne Holzkirche. Sie ist verschlossen, jedoch steht an der Tür, wo man nach dem Schlüssel fragen soll. Wir bekommen Einlass und hausgemachten Kuchen, Kaffee und Saft gleich noch dazu. Und auch die wilde Westküste von Chiloe veranlasst uns, zwei Tage länger zu bleiben. Wir schließen uns den gerade aufkeimenden Tourismuspfaden an und werden per Boot zu einer Kolonie von Humboldt- und Magellanpinguinen geschippert. Nur wenige 100 Meter vom Strand entfernt erwarten uns schon die ersten Tiere, die auf den vorgelagerten Inseln leben. Plötzlich startet vor uns ein Pelikan von seinem Aussichtspunkt, und ein Seeotter beäugt uns neugierig. Weiter draußen ziehen Blauwale vorüber, die wir nur erahnen können. Das ist wirklich noch ein Paradies für Seevögel und Meerestiere! Als wir 15 km südlich die Küste entlang wandern und in eine Bucht hinabsteigen ist klar, warum: 200 km naturbelassene Felsküste, umgeben von dichtem Urwald soweit das Auge reicht! Wir treffen nur auf zwei Frauen, die knietief im Wasser stehend Tang und Muscheln sammeln und auf einen Trupp Geier, der uns wartend beäugt. Es ist sehr idyllisch in dieser Einsamkeit und gerade hier auf Chiloe sieht man viele Menschen, die unter den einfachsten Bedingungen leben und dabei offensichtlich sehr glücklich sind. Bis wir zurück in Ancud, unserem nächsten Domizil, sind, wird es spät. Trotzdem können wir dem Besuch des Dorffestes nicht widerstehen. Im Januar finden immer viele Feste und Rodeos statt. Der Rodeo-Platz liegt herrlich über dem Meer, nur schade um das Kalb, das professionell von den Gauchos in die Enge getrieben wird. Allerdings kommen wir leider erst zum Ende der Rodeo-Wettkämpfe in die Arena und uns bleibt nur, die schönen Pferde und ihre Reiter bei der Siegerehrung zu bewundern. Es gibt auch eine Showbühne, auf der traditionelle Tänze gezeigt werden und jede Menge Essensstände – badische Kerwe auf chilenisch. Auch hier scheinen wir mal wieder die einzigen Ausländer zu sein, werden aber gleich aufgefordert, uns zu setzen. Die schon ziemlich angetrunkenen Männer des Reservistenvereins stimmen uns zu Ehren die deutsche National-hymne an. Der Opa ist ja Deutscher gewesen, aber natürlich kein Kommunist, na ja, da wollen wir nicht weiter nachbohren... Toll sind die traditionellen Taschentuchtänzchen, bei denen mit dem Stöffchen theatralisch gewunken wird, während die Füße klopfartige Bewegungen vollbringen.

Auf einem anderen Ausflug zur Küste wird uns ein Flecken namens Chepu empfohlen, der auch wirklich herrlich an einer Flussmündung des Pazifiks liegt. Doch keinen Fuß setzen wir vors

Auto, andernfalls werden wir von gemeinen schwarzen Pferde-Dasselfliegen angegriffen, die vor einer Masseninvasion nicht zurückschrecken. Irgendwann sind wir in Sicherheit und stehen vor einem kleinen Imbiss-Wagen, denn selbst im hintersten Winkel Chiles gibt es noch eine Ich-AG! Am Nachmittag gehört der endlose Strand uns ganz allein. Sonne, Wind und Meer lassen uns die ersten Gedanken an die Rückkehr vergessen.

Kuchen, Kuchen, Kuchen

Rio Pescaro, 20.-27. Januar

Was macht dieses Schild am Straßenrand? Wir haben Chiloe verlassen und sind auf dem Weg nach Rio Pescaro. Unser Ziel ist eigentlich kein richtiger Ort, sondern eine Ansammlung von schönen, alten Schindelhäusern und Ferien-unterkünften zwischen Puerto Varas und Ensenada am Lago Llanquihue. Eine traumhaft schöne Gegend, sogar mit deutscher Schule und Land zu kaufen (wofür in Chile übrigens nur das nötige Kleingeld wichtig ist - auch Ausländer dürfen hier innerhalb eines Tages eine Scholle erwerben und ihr Traumhaus errichten). Leider sind Ferien, ansonsten hätten wir uns das chilenisch-deutsche Bildungsinstitut gerne mal genauer angeschaut. Die Strandbäder entlang der Uferstraße sind voll, so warm ist es inzwischen geworden! Neben den zahlreichen Kuchen-angeboten gibt es diverse Restaurants, wie den "Club Aleman", das Lokal "Blumenhaus" oder ein nettes deutsches Kaffee ganz in der Nähe unseres kleinen Häuschens. Unser erster Gedanke ist, das alles auszuprobieren, denn es wird in der Los Lagos Region zwar viel mit deutschen Produkten geworben, aber wir wollen natürlich wissen, wie deutsch es hier wirklich zugeht. Dummerweise haben wir gerade einen Lebensmittel-Großeinkauf hinter uns, so dass wir für unsere Woche in Rio Pescaro besser ausgestattet sind, als in der ganzen Zeit zuvor. Das kleine Blockhaus gehört einer Biologin aus Santiago und wir haben es, wie auch schon andere Unterkünfte, über die Internetplattform AirBnB gefunden. Das Haus passt zu uns, es ist einfach aber urgemütlich und es liegt abgeschieden mit tollem Blick auf den Vulkan Osorno. Das allerbeste: keine Lichter weit und breit, so dass wir endlich die magellanschen Wolken und den Sternenhimmel der Südhalbkugel bewundern können!

Was wir tagtäglich sehen, muss natürlich auch bestiegen werden! Mit dem Sessellift "Typ Chile" gondeln wir gegen viel Bares der schnee-bedeckten Kuppe des Osorno entgegen. Oben angekommen gibt es mehrere Wege, die wir alle erkunden. Ich glaube nur in Chaiten waren wir noch näher am Kraterrand. Der Ursprung der deutschen Besiedlung geht in dieser Region bis in die Mitte des 19. Jahrhunderts zurück. In Valencia, Frutillar und Puerto Varas waren es vor allem Handwerker, die ihr Glück in Chile suchten. Aufgrund der isolierten Lage wurden die Einwanderer nur wenig von Chile assimiliert und so konnten sie ihre deutschen Traditionen weiter hegen und pflegen. Genau das war der Grund für den Fortgang einer recht skurrilen Siedlungsgeschichte: Während der 30er Jahre kamen viele deutsche Juden und andere von Hitler politisch Verfolgte in das Land. Kurz darauf, mit dem Ende des 2. Weltkriegs, folgten Nazis, die vor der Verurteilung in Deutschland Unterschlupf suchten. So entstand ein wildes Auswanderer-Potpourri und entsprechende Arrangements, die es anscheinend ermöglichten, die jeweilige Motivation sauber unter den Teppich zu kehren. Einige hundert Kilometer weiter nördlich gibt es heute immer noch die ehemalige Colonia Dignidad, in der der deutsche Laienpriester Paul Schäfer ab 1962 sein Unwesen trieb, Menschen einsperrte und Kinder missbrauchen ließ. Während des Pinochet-Regimes wurden dort Menschen gefoltert und tyrannisiert, die steuerfreie Zone, die für die Kolonie galt, wurde genutzt, um die Militär-Junta mit Waffen aus dem Ausland zu versorgen. Ich erinnere mich, dass Franz Josef Strauß und ein paar andere CSU-Politiker zu dieser Zeit gern gesehene Gäste im heutigen "Bayrischen Dorf" waren. Damals, im zarten Teenageralter, war ich sehr empört über das Verhalten Deutschlands und kann mich an diverse Fernseh- und Zeitungsberichte aus den frühen 80er Jahren erinnern. Trotzdem gibt es heute immer noch einen Auslieferungsantrag der Chilenen an Deutschland, welcher fordert, den ehemaligen Klinikarzt, der unbescholten in Deutschland lebt, auszuliefern. Bis heute werden die damaligen Ereignisse lieber verdrängt, anstatt eine konsequente Aufarbeitung zu ermöglichen. Viele Anträge von Opfern der Kolonie werden von der Justiz beider Länder blockiert und so besteht wenig Aussicht auf Aufarbeitung. Paul Schäfer wurde 2005 verurteilt, er starb 2010 im Gefängnis in Chile.

Ein richtiger Vorzeigeort mit an den Schwarzwald erinnernden Häusern ist Frutillar, das wir während eines letzten Ausflugs an die Pazifikküste besuchen. Frutillar liegt am Westufer des Lago Llanquihue und es kommt uns vor, als würden wir durch ein riesiges Freilichtmuseum schlendern. Hier testen wir endlich einmal Kuchen und Strudel. Der vermeintliche Käsekuchen der deutschstämmigen Konditorin ist mehr ein Obstkuchen mit Puddingauflage, wohingegen der Strudel unübertrefflich österreichisch und gut ist. Per Definition gehören auch Österreicher und Schweizer zu den ca.

400.000 deutschstämmigen Einwanderern. Trotzdem treffen wir in dem Vorzeigedorf Frutillar nicht eine einzige deutsch sprechende Seele. Es scheint, dass die Begriffe Colegio Aleman oder Hospital Aleman eher als Gütesiegel gepflegt werden. Jan hat gelesen, dass Chiles Militär nach deutschen Standards aufgebaut und von deutschen Experten unterstützt wurde. Wir würden gerne mehr erfahren, aber dafür fehlen uns die spanischen Sprachkenntnisse.

Der lange Weg über Osorno an den Pazifik zu den indigenen Kommunen bei Bahia Mansa wird leider ein Reinfall. Wir brauchen viel länger als erwartet für die Anfahrt und werden bei der Ankunft von dichtem Nebel und Nieselregen verschluckt. Trotzdem ist der tosende Pazifik überwältigend und wir spazieren den Strand entlang, um die letzten Minuten am friedlichen Meer auszukosten.

Am letzten Januarwochenende scheint ganz Chile auf den Beinen zu sein. Obwohl es hier in der Region recht deutsch zugeht, fehlen die deutschen Touristen, die wir oft im Süden Patagoniens antrafen. Das Seengebiet ist fest in südamerikanischer Hand! Und so ist es auch mit dem Club Aleman „Zur Wassermühle", den wir aus purer Neugierde besuchen, wohlwissend, dass das Essen mehr kosten wird als üblich. Auf der Karte finden sich ein paar wenige deutsche Gerichte, vor allem Varianten von gebratenen Enten oder Gänsen. Ansonsten das übliche Fisch- oder Fleischangebot. So essen wir dann doch typisch chilenisch: ausgezeichnetes Rinderfilet im deutschen Restaurant. Hier spricht keiner deutsch, aber zumindest die Speisekarte enthält deutsche Untertitel, nach der englischen Übersetzung. Eine deutsche Begrüßung und Verabschiedung, wie beim Italiener in Deutsch- land, hätten wir allerdings schon erwartet – sie blieb aber aus. Vorher, am Nachmittag, haben wir noch einmal in Cochamo bei Silvie, Manuel und Noah vorbeigeschaut. Nele durfte wieder die Wiese hinauf- und heruntergaloppieren und wir den ersten Ballast abwerfen: Kühlbox, Gaskartusche und Benzinkanister wechselten den Besitzer. Silvie erzählte von den ersten Herausforderungen mit Urlaubsgästen und wir haben ihr endlich eine Bewertung in Tripadvisor geschrieben. Das Geschäft scheint gut angelaufen zu sein, aber ein bisschen mehr Werbung kann nicht schaden.

Unsere Woche im Seengebiet neigt sich dem Ende entgegen, das Auto wird von Mika und Jan geputzt und Nele und ich misten aus. Nun geht es von Puerto Montt aus mit dem Bus weiter und wir müssen wieder alles selbst tragen. Der in

Neuseeland gekaufte Trolley ist Gold wert, denn wir können darin alles unterbringen, was im Laufe der Zeit unseren Besitz erweitert hat: Steine, Muscheln, Knochen, versteinertes Holz, Reiseandenken, ungenutzte Medikamente und natürlich massenhaft Wollwaren, mit denen wir die Lieben zu Hause beglücken werden!

Schuh-Service in Santiago de Chile

Bus-Kuss im NP Siete Tazas

Gauchos beim Kräfte messen (Argentinien)

Auf der Ruta 40 (Argentinien)

Schäfer bei Punta Arenas

In der Ferne der NP Torres del Paine

Ein Blick auf Feuerland

Am Perito Moreno Gletscher

Unterkunft im Schweizerland

Holzindustrie auf Chiloe

Muschelernte bei Ebbe (Westküste von Chiloe)

Vulkanlandschaft Mittelchiles

Gutes Lüftchen Teil 1

Puerto Montt - Bariloche - Buenos Aires, 27. Januar - 3. Februar

Wir verbringen noch eine Nacht in Puerto Montt, bevor wir am nächsten Tag mit dem Bus nach Bariloche, der argentinischen Schokoladenstadt jenseits der Anden, weiterfahren. Thomas, unser Gastgeber, erwartet uns um zwei Uhr in Angelmo, dem Fischereibezirk Puerto Montts. Er sammelt Steine, Muscheln und Kakteen und vermietet privat drei Zimmer seines Hauses oberhalb vom Hafen. Ein ziemlich witziger Typ, der sich sehr unkompliziert um unser Wohlergehen bemüht. Für uns ist es spannend, mal eines der in Leichtbauweise errichteten, typisch chilenischen Häuser von innen zu sehen. Kurz nach unserer Ankunft erscheint auch schon "Team Seelmann" und inspiziert das Auto auf eventuelle Schäden, danach müssen wir uns leider von den Bequemlichkeiten eines Mietwagens trennen. An diesem Abend gibt es ein letztes Mal chilenischen Fisch im Hafen, inklusive Bummel durch die Woll-Souvenirmeile. Am nächsten Morgen schleppen wir das inzwischen bedenklich angewachsene Gepäck zum Busbahnhof und ziehen weiter nach Bariloche. Argentinien ist anders, zumindest in Bariloche, aber vermutlich auch im Rest des Landes. Die Kleider in den Geschäften haben mehr Stil, die Häuser mehr Stein, die Supermärkte mehr

Gemüse und die Menschen sind weniger entspannt, so unsere erste Wahrnehmung. Der Taxifahrer sieht unser Gepäck und will uns nicht mitnehmen, ein arroganter Macho mit weißem aufgeknöpften Hemd und Slippern. „Sieht man uns an, dass wir aus Deutschland sind...?" ist mein erster Gedanke, oder handelt es sich beim Fahrer vielleicht um einen eingefleischten Fußball-Fan? In Argentinien ist man(n) schließlich verrückt nach Fußball. Wir sind empört und wollen dann auch nicht bei ihm mitfahren, denn Chiles Gastfreundlichkeit hatte uns zuvor schon sehr verwöhnt. Oder ist es hier wie in Europa? Wir sind in einer sehr touristischen Gegend und es ist Hochsaison.

Zudem geht es dem einstmals wirtschaftlich erfolgreichen Argentinien wirklich schlecht. An jeder Ecke werden wir angesprochen, ob wir Dollar tauschen möchten, denn der argentinische Peso ist nichts mehr wert und jedes Geschäft schickt Angestellte auf die Straße, die versuchen, die Einnahmen sofort in krisensichere Dollar umzutauschen. Der Kurs für uns ist entsprechend gut, andererseits sind die Preise hoch, zumindest in Bariloche.

Unser LAN-Flieger hebt überpünktlich ab, wir erreichen unsere Wohnung in der Avenida

Uruguay in Buenos Aires noch vor der vereinbarten Zeit. Superintendent Irma (eine fantastische Bezeichnung für diese Dame!) öffnet nicht, auch nicht, als Nele versucht, unser Begehren durch die Sprechanlage zu erklären. Diese Frau macht einen resoluten Eindruck und wir haben hoffentlich noch die Ehre, sie später einmal kennenzulernen! Ratlos wühlen wir in unseren Unterlagen und werden dabei argwöhnisch von Passanten beäugt, denen wir den Weg mit unseren zahlreichen Gepäckstücken verstellen. Plötzlich wird klar, was der Zusatz 5J in der Adresse bedeutet: 5. Stock, Wohnung J. Bereits nach dem ersten Mal Klingeln erscheint Maria als rettender Engel und gewährt uns Einlass. Es dauert ein bisschen, bis wir uns und das Gepäck mit Hilfe des etwa 100 Jahre alten Fahrstuhls nach oben befördert haben, dann begutachten wir unser Reich für die nächsten 16 Tage. Die kleine, günstige Privatwohnung, gebucht über www.sabbatical.com ist ebenso ein Original wie der Fahrstuhl: Bleiglasfenster und Zierwappen wie im Mittelalter, ein wunderschöner Holzfußboden, Stuckdecken und alte Holzschränke. Hinter der Waschmaschine gibt es ein komplett grün gestrichenes 2 Quadratmeter großes "Studierzimmer" ohne Fenster - ein perfekter Platz zur Vorbereitung auf den Schulstart! Wir befinden uns irgendwo im Herzen von Buenos Aires zwischen dem Centro und dem

Stadtteil Congreso, nur wo? Die Gegend ist nicht besonders schick, aber authentisch, unser Altbau wurde noch nicht totsaniert.

Der erste Tag gilt der Orientierung und, mal wieder, der Bargeldbeschaffung. Wir haben eine Adresse für eine Schwarzmarkt-Wechselstube in der Calle Florida, aber bereits auf dem Weg dorthin erschallt es aus jeder Ecke: „cambio, cambio, cambio…" Die Adresse, bei der wir schließlich landen, ist dubios, doch alles geht glatt und unsere ersten 300 Dollar sind vergoldet. Den Rest des Tages widmen wir dem Preisvergleich von diversen Tourenanbietern, allesamt teuer und dollar-fixiert. Da organisieren wir unsere Ausflüge lieber selbst, schließlich haben wir mehr Zeit in Buenos Aires, als ein Durchschnittstourist. Der wichtigste Höhepunkt des Tages ist das von Jan im Supermarkt erbeutete und selbst zubereite Rinderfilet auf der mittelalterlichen Asado-Pfanne. Buenos Aires ist nichts für Vegetarier! Ein Stadtteil pro Tag ist die Vorgabe, also starten wir mit Recoleta, dem Grab von Evita und dem Kunsthandwerksmarkt an der Plaza Francia. Da die Metro (in Buenos Aires "Subte") nicht fährt, laufen wir einfach. Auf diese Weise sehen wir auch noch das altehrwürdige Teatro Colon, Buenos Aires Opernhaus, den Stadtteil Barrio Norte und das deutsche Krankenhaus, dem wir auf dem Rückweg zwecks Behandlung von Fußblasen gerne einen Besuch abgestattet hätten. Auf jeden Fall wissen wir jetzt wohin, falls es wirklich mal brenzlig wird.

Am nächsten Tag, einem Sonntag, ist die Innenstadt wie leergefegt. Wir bummeln durch die Avenida de Mayo, die Prachtstraße von BA, zum gleichnamigen Platz, dessen Stirnseite der Präsidentenpalast in ochsenblutroter Farbe ziert. Hier richteten Eva (Evita) Duarte Peron und Juan Peron ihre Worte an das Volk, sowie etliche andere Machthaber vor ihnen. Den Mythos Evita müssen wir noch weiter ergründen, ihr früher Tod mit nur 33 Jahren hat im Jahre 1952 das ganze argentinische Volk bis aufs Mark erschüttert. Die Sängerin und Schauspielerin Eva Duarte kam aus ärmsten Verhältnissen, sie hat für ihren Erfolg hart gearbeitet und sich nach ihrer Hochzeit mit dem Staatsoberhaupt Juan Peron besonders für die Armen und die Frauenrechte eingesetzt. Dennoch bleibt ein Schatten auf ihrer Vita, der hier in Argentinien sehr gerne verdrängt wird: Evita sympathisierte mit den Nazis, denn sie und ihr Mann haben nachweislich einigen Nazigrößen zur Flucht nach Argentinien verholfen. Unter ihnen Obersturmbannführer Adolf Eichmann, der für die Ermordung von 6 Millionen Juden verantwortlich ist. Vom israelischen Geheimdienst aus Argentinien entführt, wurde er 1962 verurteilt und in Israel hingerichtet.

Direkt hinter der Plaza de Mayo liegt ein ganz neuer Stadtteil: Puerto Madero ist ein wirklich gelungenes Beispiel für moderne Stadtarchitektur. Die alte Speicherstadt am Rio de la Plata wurde komplett restauriert, in herrlicher Lage entstanden schicke (und teure) Wohnungen mit grandiosem Blick. Hinter der Speicherstadt liegt nämlich ein stadtnahes Natur- und Vogelschutzgebiet, in dem sich heute, am Sonntag, die halbe Stadt und massenhaft Stechmücken tummeln. Auch wir erhöhen das Nahrungsangebot der nervenden Sauger und wandern durch das Schilfgebiet, immer die schöne Großstadt-Kulisse im Blick. Dabei allgegenwärtig sind die so genannten Portenõs (=Einwohner von BA), die mit ihren tragbaren Mate-Kannen, Kindern und Grillwerkzeugen durch die Parks ziehen. Jeder verkauft (und kauft) was er nur kann: Kuchen von Mutti, Bratwürste, Zuckerwatte, Gymnastikbälle, Fladenbrote, Stiel-Eis für sechs Pesos, umgerechnet 30 Cent, medizinische Rückenmassagen, um nur ein paar Beispiele zu nennen.

Nach diesem Spaß-Wochenende wird uns schon das gerade getauschte Geld knapp, wir raffen die nächsten Dollarpakete zusammen und machen uns wieder auf den Weg in die Calle Florida. Diesmal versuchen wir zwei verschiedene Adressen, und wieder klappt alles reibungslos.

Zur Belohnung für den eher nervenden Ausflug (ich frage mich, was das Kind so denkt, wenn wir unsere Schwarzmarkt-Geschäfte tätigen...) haben wir Mika versprochen, das Kindermuseum im Abasto Shopping Center zu besuchen. Kinder können dort alle möglichen Berufe ausprobieren, Pilot im Cockpit, einmal hinter der Supermarkt-Kasse oder im Polizei- Einsatz - welches Kind möchte das nicht? Das Abasto Center sieht von außen sehr vielversprechend aus, denn es befindet sich in einer alten Markthalle, Baujahr 1880. Von innen wird die attraktive Fassade allerdings von dem üblichen Ambiente einer Mall überlagert. Wir finden die Idee, so viel Spaß für Kinder mit einer Mall zu kombinieren genial. Die Enttäuschung ist umso größer, als wir vor der verschlossenen Museumstür stehen, montags geschlossen, das hätten wir uns ja denken können. Zum Trost schauen Mika und ich uns den Indoor-Vergnügungspark "Neverland" an, ein ebenso großer Spaß wie das Museum. Nele und Jan flüchten vor der Geräuschkulisse. Das System ist ganz einfach: Man bekommt eine Chipkarte, die man mit beliebig vielen Pesos beladen kann. Dann wandert man herum und kann mit der Karte alle Einrichtungen ausprobieren. Mir persönlich haben die Kaubonbon-Bagger am besten gefallen, es gibt aber auch viele Wurfspiele, Wasserspritzen, Angelspiele, eine Schiffsschaukel und sogar ein Riesenrad! Ob Michael Jackson jemals hier war? Da das Vergnügen im Vergleich zu Deutschland sehr günstig ist, können wir uns zwei Stunden so richtig schön amüsieren. Das Museum besuchen wir in der folgenden Woche auf jeden Fall noch einmal.

In der Lederstraße von Buenos Aires reiht sich ein Laden an den nächsten. Der Kauf einer Lederjacke ist verlockend, jedoch wissen wir nicht, ob unsere Devisen bis zum Ende der Reise ausreichen. Außerdem möchte Nele sich ein Tanzkleid kaufen. So bummle ich den ganzen Nachmittag alleine mit meiner Tochter durch Palermo. Wir schwelgen im Angebot und werden schnell fündig. Jan und Mika bestimmen derweil unsere Reise-Knochenfunde und bestaunen die Entwicklungsgeschichte des Menschen im Naturkundemuseum. Am Abend besuchen Nele und ich die Tango- und Ballettvorstellung im Metropolitan Theater gleich um die Ecke. Die Show startet mit einer Diavorstellung über die letzten 15 Jahre des Ballett-Tänzers Juan Pablo Ledo. Da der Künstler auch für die Choreografie verantwortlich ist, finden wir die anfängliche Selbstdarstellung etwas eigentümlich, aber er tanzt wirklich grandios. Begleitet wird er von einer ebenso großartigen Primaballerina. Zwischen den klassischen Ballettstücken gibt es immer wieder erstklassige Tangovorführungen einer Künstler-Gruppe aus dem Teatro Colon.

Nach einigen Tagen ist klar: In Buenos Aires gibt es das beste Eis, die beste Pasta (wegen der italienischen Einwanderer), phänomenalen Tango und die höflichste Geste gegenüber Eltern mit Kindern: Auf jeder noch so kurzen Metrofahrt bieten uns Menschen jeden Alters ihren Sitzplatz an! Überhaupt sind wir längst wieder ausgesöhnt mit der Welt um uns herum, der bornierte Taxifahrer ist vergessen und das Leben in der Stadt sehr spannend. Es ist inzwischen richtig heiß und schwül geworden, trotzdem weht aber immer ein angenehmes Lüftchen von irgendwo her.

Gutes Lüftchen Teil 2

Buenos Aires, 4.-13. Februar

Im nagelneuen Museum für südamerikanische Kunst stoßen wir auf eine tolle Ausstellung von Antonio Berni, der mit seinen Bildern, Drucken und Collagen eindrucksvoll das Leben eines Jungen (Juanito) im Armenviertel und einer Prostituierten (Ramona) darstellt. Uns gefallen besonders die Drucke, und Mika die Modelle von den Ungeheuern, die Ramona in ihren Alpträumen erschienen sind.

Bernis ausgestellte Werke sind in den 60er- und 70er- Jahren entstanden, sie handeln ausschließlich von den beiden fiktiven Protagonisten Juanito und Ramona und deren Lebenssituation. Aber wir erfahren auch, dass Berni z.B. die Murales der Galeria Pacifico, Buenos Aires' schickstem Kaufhaus, gestaltet hat. Neben den Werken von Berni sind natürlich auch Bilder von Frida Kahlo, Rivera und vielen uns unbekannten südamerikanischen Künstlern zu sehen.

In der Nacht bricht endlich ein abkühlendes Gewitter über Buenos Aires herein, nur dass man so gut wie nichts davon hört, so laut ist die Stadt auch nachts! Da das Müllauto meistens so gegen 23.30 Uhr kommt, ist eine Unterscheidung vom Gewitter schwierig. Als es am Morgen immer noch ein wenig regnet, entscheiden wir uns gegen den geplanten Ausflug nach Tigre und für La Boca, das Arbeiterviertel, in dem man ganz besonders auf sein Hab und Gut aufpassen muss. Der Grund, warum ganze Busladungen an Touristen hier ausgespuckt werden, ist die Caminito, eine Straße, deren bunte Häuser am besten den Charakter von La Boca widerspiegeln.

Als wir morgens ankommen, formieren sich gerade die ersten Show-Tango-Pärchen sowie ein Großaufgebot von Polizisten, die wohl die Zahl der Taschendiebstähle möglichst klein halten sollen. Abgesehen von den touristischen Hotspots, muss man in La Boca wirklich aufpassen, auch wenn wir uns selbst nicht unwohl fühlen. Schließlich legen wir den ganzen Weg hierher per Metro und Buslinie 53 selbständig (und nicht ohne Stolz) zurück und laufen gezwungenermaßen auch noch durch ganz andere Straßen. Im Bus kümmert man sich aufopferungsvoll um unser Wohlergehen, so dass es scheint, dass unsere Form der Anreise eher ungewöhnlich ist. Höhepunkt des Besuchs ist das Fußballstadion von La Boca, dem Traditionsverein und Heimat der Fußball-Ikone Diego Maradona. Im Museum wird sehr emotional der Aufstieg eines Fußballstars aus La Boca aufgezeigt. Im Anschluss daran erleben wir eine sehr sehenswerte Führung durch das Fußballstadion. Die sogenannte „Bombonera" (Schokoladenschachtel) füllt sich jedes Wochenende mit 50.000 Boca-Fans. In der Fan-Kurve geht es immer hoch her, denn hier kommen die Fans bis auf wenige Meter hinter dem Tor an das Spielfeld heran - getrennt von einem fünf Meter hohen Maschendrahtzaun, der von der nach vorne drängenden Menschenmasse bei den Boca-Spielen sofort erklettert wird. Wir sehen die VIP-Lounge von Maradona und die Umkleidekabinen der Boca Juniors. Es ist beeindruckend, wie bescheiden die Superstars hier residieren. Dieser Verein ist wirklich noch 100% La Boca, ganz im Gegensatz zu einigen deutschen Vereinen, die sich ihre Spieler beliebig einkaufen können. Als dann auch noch ein Jungs-Team laut singend durch die Stadionkatakomben zur Dusche marschiert, überkommt uns eine emotionale Woge und selbst bei nicht fußballinteressierten Besuchern springt der Funke über. Ich hätte Mika am liebsten sofort ein Trikot gekauft, mit Rücksicht auf die Reisekasse habe ich diesen Impuls aber schnell wieder unterdrückt. Auf dem Weg zur Bushaltestelle stranden wir dann rein zufällig in der Kult-Pizzeria "Banchero" und stellen überrascht fest, dass die Spieler von La Boca sich hier ebenfalls mit Kohlenhydraten versorgen. Der freundliche Kellner serviert uns die gehaltvollste Pizza, die wir je gegessen haben, schäkert mit Nele und gibt uns weitere wertvolle Sicherheits-Tipps für die Rückreise.

Das Tiefdruckgebiet ist abgezogen, also schieben wir den Besuch in Tigre nicht länger hinaus. Tigre liegt ungefähr 40 km entfernt am Mündungsdelta des Rio de la Plata, der an Buenos Aires vorbeifließt. An dieser Stelle beginnt auch das amazonasgleiche Parana-Delta, in dem sich noch einige andere, aus dem Norden kommende Flüsse, vereinigen. Nach Abfahrt im Bahnhof Retiro gondeln wir gemächlich durch die Vorstädte von Buenos Aires und erst jetzt wird uns klar, wie groß die Stadt wirklich ist. In den Zügen wird Handel aller Art betrieben: Pfefferminzbonbons, Kaugummis ohne Zucker aber mit viel Geschmack,

Kosmetikspiegel, drei Putzlappen für 10 Pesos... wenn man nur lange genug mit Metro und S-Bahn durch Buenos Aires zuckelt, braucht man nicht mal mehr einen Supermarkt! In Tigre angekommen entscheiden wir uns für eine überteuerte Fahrt ins Tigre Delta, denn wir wollen unbedingt das richtige Amazonas-Feeling und tiefer in das Geäst aus Wasserstraßen vordringen. Die Bootsfahrt dauert gut zwei Stunden und wir sehen hauptsächlich, dass das Delta mit schwimmenden Ferienhäusern in allen Daseinsformen durchsetzt ist. Alles ist ganz nett anzusehen, aber ein Stück Wildnis können wir erst erhaschen, als das Boot ins Parana-Delta einbiegt und dann leider gleich wieder umdreht. Immerhin ergeben sich ein paar schöne Fotomotive. Die Mika in Aussicht gestellte Schildkrötensichtung bleibt aber aus. Da ich nicht so gerne denselben Weg zurücklaufe oder -fahre, nehmen wir diesmal den "Tren de la Costa", eine S-Bahn, von der aus man ab und zu eine Blick auf die Fluss-Küste werfen kann. Noch sehenswerter sind aber die historischen Bahnhöfe, an denen der Zug auf dieser Strecke hält.

In Buenos Aires lässt es sich wirklich gut leben und schlemmen, vor allem Eis und Pizza gibt es an jeder Ecke. Für die Großen zudem Parilla-Restaurants, wo Fleisch in großen Mengen und gegrillte Chorizo am Straßenrand feilgeboten werden. Außerdem sind die Menschen hier sehr erfinderisch und kunsthandwerklich wirklich begabt. Die Pesos rinnen uns nur so durch die Finger für kleine Mitbringsel, Reiseandenken und Straßen-Musiker. Die Stadt ist voller Kontraste, wir sehen auch viele Slums auf unseren Exkursionsfahrten mit Bus und Bahn. Vor allem die Kinder, kaum älter als Mika, die tagaus tagein in den Zügen umherlaufen und den Fahrgästen Abziehbilder oder Taschentücher auf den Schoß legen, um ein paar Pesos zu verdienen, brechen einem das Herz.

Wir verbringen den zweiten Sonntag in der Stadt und nun ist es Zeit für den Stadtteil San Telmo und seinen berühmten Antiquitäten-Markt. Genauso haben wir uns Buenos Aires vorgestellt: kopfsteingepflasterte Straßen, alte zweigeschossige Villen mit viel Stuck und Balkonen, von der baumbestandenen Plaza Dorrego erschallt Tangomusik und überall einladende Straßen-Cafés -ganz zu schweigen von den fliegenden Händlern mit Kuchen, Empanadas und frisch gepresstem Orangensaft. Der Sonntagsmarkt erstreckt sich durch das gesamte Stadtviertel, so dass der eigentliche Charme dieses Ortes gar nicht richtig zur Geltung kommt. Wir beschließen unter der Woche noch einmal wiederzukommen, wegen der Stimmung, der schönen Häuser und der Museen.

Zwischen den Stadtbesichtigungen macht das „Trainingslager" in der heruntergekühlten Stadtwohnung gute Fortschritte. Nele erarbeitet sich den noch fehlenden Schulstoff der letzten Wochen und Jan plant seine ersten Unterrichtseinheiten. Ich erkunde mit Mika den zoologischen Garten, der vollgestopft ist mit alten, wunderschönen, aber viel zu kleinen Tiergehegen. Eigentlich ist unser erklärtes Ziel das Aufspüren eines Ameisenbärs, um der "blauen Elise", einem meiner Lieblings-Fernsehstars aus Kinderzeiten, einen Besuch abzustatten. Leider ist der Bestand an Ameisenbären in Südamerika inzwischen stark bedroht, kein Wunder, denn diese Tiere sind einfach unbeschreiblich lustig mit ihrem festen, behaarten Rüsselmaul und dem fächerförmigen Schwanzanhang. Letzterer wird heute vor allem benutzt, um sich vor der Sonne zu schützen, so dass Mika und ich mehrmals wiederkommen müssen, um ab und zu mal einen Blick auf den zur kurzzeitigen Situationsanalyse in die Luft gestreckten Rüssel zu erhaschen. Zu mehr Aktivität lässt sich das Tier leider nicht hinreißen. Gegenüber tollen drei weiße Tiger im Gehege umher, es sind Geschwister im wilden Teenager-Alter und wir sind fasziniert von der Kraft und Eleganz mit der die Tiere aufeinander losgehen.

"Don't cry for me Agentina", so lässt sich das mit viel emotionsgeladenen Exponaten ausgestattete

Evita-Museum wirklich gut beschreiben. Die alte Villa in einem der vornehmsten Stadtteile war früher Teil ihrer Stiftung. Heute beschreibt die dort beheimatete Ausstellung Leben und Sterben von Eva Peron Duarte auf sehr eindrucksvolle Weise. Die in einem Radiobeitrag als geistige Führerin des Landes bezeichnete Evita bleibt für uns immer noch ein Rätsel. Evita hat unsagbar viel Gutes getan, insbesondere für Kinder, Frauen und ältere oder benachteiligte Menschen. Ihre Kampagnen hat sie generalstabsmäßig organisiert und bis aufs bitterste durchgekämpft. Wir durchforsten das Museum nach Informationen zu ihrer Rolle gegenüber Nazi-Deutschland, nichts! Nele, die ihre GFS (ein Vortrag in Spanisch) in der Schule über Evita halten möchte, ist enttäuscht, denn wir wissen aus anderen Quellen, wie sehr die Perons mit Hitler-Deutschland sympathisiert haben. Umso schwerer wiegt, dass die Perons erst 1946 die Präsidentschaft übernahmen und ihnen das Ausmaß der nationalsozialistischen Verbrechen damals hätte klar sein müssen. Evitas einbalsamierter Leichnam wurde während des Militärputsches 1955 von der Opposition gestohlen und unter anderem in der Botschaft in Bonn versteckt, unter falschem Namen in Mailand beerdigt, bis er schließlich 1977 zurückgeholt und auf dem Friedhof Recoleta beigesetzt wurde.

Am anderen Morgen stehen wir um Viertel vor 7 am Fährhafen und warten mit müden Augen auf die einstündige Überfahrt nach Colonia in Uruguay. Dies sollte der letzte große Ausflug unserer Reise sein, wir hatten die Tickets vorige Woche in einigen Anläufen direkt bei der Fährgesellschaft gekauft. Hin und zurück an einem Tag, das sei mit dem schnellen Katamaran von Ferrytur kein Problem! Beim check-in allerdings, weist man uns darauf hin, dass die Fahrkarten für den Vortag (Dienstag) ausgestellt waren - die Enttäuschung steht uns ins Gesicht geschrieben. Wir wollten mittwochs fahren und hatten das beim Fahrkartenkauf auch so angegeben, dachten wir. Letztlich ist es aber unsere Schuld, denn das Datum hatten wir nicht mehr kontrolliert. Obwohl uns klar ist, dass in Deutschland das komplette Ticket verfallen wäre, wollen wir so schnell nicht aufgeben. Mit enttäuschten Gesichtern stehen wir zwei Stunden im Hafen herum, warten darauf, dass das Büro der Reiseagentur aufmacht und hoffen auf die Toleranz der Argentinier. Und tatsächlich: Um 9.30 Uhr stehen wir mit neuen Tickets für den nächsten Tag vor dem Reisebüro und glauben es selbst nicht. Der Chef schien nicht da zu sein, aber irgendwie hat die komplette Belegschaft der Agentur unseren Fall diskutiert und uns dann ohne Aufpreis Ticket und Stadtrundfahrt für den nächsten Tag ersetzt. Wir sind überglücklich und erstaunt über so viel Kulanz und Flexibilität, denn das Kleingedruckte unseres Tickets sah überhaupt keine Erstattung vor. Von dieser Mentalität würden wir gerne etwas mit nach Hause nehmen! Den Rest des Vormittags verbringen wir mit einem Bummel über die Avenida de Mayo und schauen uns die schönen, alten Gebäude aus der Jahrhundertwende an: Cafes, Antiquitäten-Händler, teure Hotels. Ein Blick ins Innere der Gebäude zeigt, dass sich das Preisniveau um ein Vielfaches von dem der übrigen Stadt unterscheidet.

Weil wir nun wirklich sehr bald nach Hause fahren, hole ich mit Mika den versprochenen Besuch im Kindermuseum nach, um zu erfahren, wie die Zusammenrottung von 500 Kindern in einer kuppelförmigen Shopping-Mall zu einem nachhaltigen Hörschaden führen kann. Nach einer Stunde bereue ich den Entschluss und versuche meinen Sohn mit perfiden Bemerkungen vom Ort des Geschehens zu entfernen. Aber natürlich findet er das Museum super, obwohl die meisten Attraktionen, z.B. das Fernsehstudio, aus Angst vor unkontrollierbaren Kontakten mit spanisch-sprechenden Kindern oder Aufsehern gar nicht von ihm betreten werden. Am besten gefällt mir der Zahnarzt bzw. sein Patient, und die Möglichkeit, sich mit Bohrer, Spüler und UV-Licht mal so richtig auszutoben.

Am Donnerstag, zwei Tage vor unserer Abreise, schälen wir uns wieder zu ungewohnt früher Zeit aus dem Bett und fahren zum Hafen. Die Fahrt nach Uruguay ist schnell und unspektakulär, was man von der abendlichen Rückfahrt nicht behaupten kann. Jan und ich legen die wegen des Seegangs nun 1,5-stündige Rückfahrt mit geschlossenen Augen zurück, um das Gleichgewichtsorgan zu besänftigen. Grund für die Berg- und Talfahrt ist ein vorhergegangenes Gewitter, das uns am Strand von Colonia erwischt.

Das Wunderbare an Colonia sind die historische Altstadt, die ruhige Atmosphäre und die Möglichkeit, an einem der feinsandigen Strände im Rio de la Plata zu baden. Eine Auszeit von der Großstadt, noch dazu die unverhoffte Möglichkeit US Dollar aus dem Automaten zu ziehen, denn - wie man uns bei der Einreise stolz erklärt - "wir sind hier nicht in Argentinien, unsere Wirtschaft ist echt!" Meine Güte, da können wir ja noch mehr Kunsthandwerk erwerben! Colonia und sein Erbe der spanischen und portugiesischen Einwanderer wird als Touristenattraktion gehegt und gepflegt. Die Besitzer historischer Autos dürfen ihre Oldtimer hier einfach so am Straßenrand stilllegen und werden dafür noch gut entlohnt. Ein Ausflug von Buenos Aires nach Colonia de Sacramento ist für Portenõs vermutlich so erholsam, wie für uns ein Urlaub auf einer ostfriesischen Insel. Wunderschön sind die typisch spanischen Häuser mit Balkonen neben den einfachen, portugiesischen Ziegeldachbauten. Obwohl Hochsaison ist, wandern wir durch ruhige Gassen und erkunden die kleine Altstadt, das Museum und die ehemalige Stierkampfarena, die natürlich von den Spaniern mitgebracht und heute wieder vergessen bzw. dem Verfall preisgegeben wurde. Irgendwie erinnern uns Uruguay und seine Bewohner an das widerspenstige, kleine gallische Dorf inmitten des römischen Imperiums.

Es sind noch zwei Tage bis zum Heimflug und wir haben keinen Strom mehr in der Wohnung. Die Pumpe, die das Wasser in den fünften Stock pumpt, ist ebenfalls ausgefallen, nur der Gasherd tut noch seinen Dienst. Jan bastelt Kerzen und Nele und ich klingeln uns durch die Nachbarschaft in der Hoffnung, irgendwo einen funktionie-renden Internetanschluss und Steckdosen zu finden. Alle sind weg, vermutlich zu Freunden und Verwandten geflüchtet, um die tägliche Dusche nicht zu versäumen. Wir werden dann wohl eine gute Prise Großstadtstaub nach Deutschland einführen, als olfaktorisches Andenken an Buenos Aires. Tagsüber gehen wir noch einmal nach San Telmo und schauen uns die herrlichen Straßen und Häuser an. Vor allem die Markthalle ist noch ein authentisches Stück Buenos Aires, trotz der

Touristenströme. Die zuletzt eingetauschten Dollar wechseln mal wieder problemlos für Kleinkram und köstliche Backwaren den Besitzer, dann müssen wir leider endgültig packen (vor acht Uhr abends, damit wir noch etwas sehen). Am nächsten Morgen geht es früh nach Hause und jeder von uns zieht seine eigene Bilanz: Mika sagt, er muss ein bisschen weinen, wenn er daran denkt, dass die Weltreise nun vorbei sei. Nele freut sich auf ihre Freunde und die Schule, hat aber ihr Herz an Südamerika verloren (und mindestens einer dort hat sein Herz an sie verloren). Und wir? Wir packen, räumen auf dank Stirnlampe, ärgern uns ein bisschen über die fehlende Dusche, hängen aber auch schon manchmal den Erinnerungen an ferne Länder nach. Thailand, Tonga, Neuseeland, Australien, Chile, Argentinien, Uruguay und Dubai - keines ist schöner als das andere und in alle Länder wollen wir gerne wieder zurück, irgendwie und irgendwann.

Italienisches Schlemmerparadies in Buenos Aires

Verkaufsstand auf dem Markt in San Telmo

Diego allgegenwärtig, irgendwo in Buenos Aires

Stadt mit Flair

Wieder zu Hause

Wie bei der Abreise werden wir auch sehr herzlich zurückempfangen und es ist schön zu merken, dass man freudig erwartet wird. In Frankfurt am Flughafen werden wir erst einmal mit warmen Schals ausgestattet, um den Temperatursturz von 35 auf 5 Grad Celsius etwas erträglicher zu machen. Die erste Nacht im eigenen Bett ist eine Wohltat und das erste Essen bei Jans Mutter ein Fest. Neles Freundinnen begrüßen uns mit Girlanden und Kuchen, sie stehen stundenlang in der Kälte vor dem Tor, bis wir endlich ankommen. Wir sind gerne zurückgekommen. Bereits einige Wochen vor dem Rückflug kreisten viele Gespräche um die Zukunft. Nele wollte ihr Zimmer renovieren, ich mich um einen neuen Job kümmern, Jan seinen Stundenplan einsehen und sich vorbereiten - nur Mika schien schwer zu bedauern, dass die Reise nun vorüber ist. Am ersten Tag im Kindergarten erzählt er bereitwillig, dass er sehr gerne noch weiter gereist wäre, aber leider das Geld alle sei.

Bei unseren Kindern machen sich die Erfahrungen der Reise am deutlichsten bemerkbar: Mika ist nicht mehr so schüchtern und plaudert selbstbewusst drauf los, außerdem hat er endlich den Wunsch in die Schule zu gehen. Nele ist mit einem Schlag erwachsen geworden, so kommt es uns zumindest vor. Der Übergang in den Alltag ist für uns Eltern im Hinblick auf unsere heranwachsende Tochter nicht einfach: Wir hatten die besondere Gelegenheit, die Zeit mit unseren Kindern in einer so großen Intensität zu erleben, dass es uns nun schwer fällt loszulassen. Plötzlich sind wir nicht mehr im Zentrum des Geschehens, sondern nur noch Randfiguren im Leben unserer Tochter. Der erste Freund steht bereits drei Tage nach Ankunft vor der Tür, offensichtlich haben wir die sich bereits digital anbahnende Beziehung verschlafen.

In den ersten Wochen genießen wir unser Zuhause, auch wenn es viel einzuräumen und auszusortieren gibt. Jan und Nele müssen bereits nach einer Woche Ferien wieder in die Schule, ich habe noch fünf Wochen frei und kümmere mich um Haus und Hof. Der erste Einkauf am Montag nach der Ankunft ist eine Herausforderung. Ich empfand es als sehr entspannend, z.B. in Chile einfach auf das vorhandene Angebot zurückzugreifen und zu kaufen, was da ist. Nun stehe ich wieder vor der Qual der Wahl. In Deutschland sind wir privilegiert, aber das Leben ist komplexer. Ich dachte, wir würden uns nach Abwechslung sehnend auf unseren Kleiderschrank stürzen, plötzlich merke ich, dass ich nach fünf Wochen zu Hause am liebsten immer wieder dasselbe anziehe. Zwischen den Faschings- und den Osterferien werden bei Nele in allen Hauptfächern Arbeiten geschrieben und es zeigt sich, dass sie fast ebenso gut mitkommt wie vor der Reise. Wenn wir die Fotos und den Reiseblog ansehen, denken wir oft wehmütig zurück an fremde Länder, seine Menschen und die Weite der Pampa. Trotzdem geht der Wiedereinstieg ins alte Leben genauso schnell vonstatten, wie der Ausstieg. Vieles bleibt Besonders, neue Freundschaften, die Erinnerung, wie wundervoll die Welt ist und das Wissen über ihre Zerbrechlichkeit, Buckelwale, die majestätisch an uns vorüber ziehen, und die Erkenntnis, dass man seine Träume und Ziele nicht dauerhaft aufs Abstellgleis schieben sollte. Fünf Wochen nach unserer Ankunft erwache ich morgens mit einem wohligen Gefühl, denn im Traum sind wir wieder gereist, wie schön...! Einen Moment später realisiere ich niedergeschlagen, dass die Gelegenheit so zusammen zu reisen nie wieder kommen wird. „Na und, aber wir haben es getan", kommentiert Jan nüchtern meine enttäuschte Gemütslage. Einfach raus – das ist viel einfacher, als wir dachten!

Reisevorbereitung und Routenauswahl

Wir hatten etwa ein Jahr vor der Abreise diskutiert, wie wir die gemeinsame Zeit am liebsten nutzen wollten. Eine Weltreise kam erst einmal überhaupt nicht in Frage, lieber wollten wir einfach eine Zeit im Ausland leben. Ich wollte nach Südamerika, Jan wollte nach Neuseeland. Die Kinder sollten zumindest für einen Teil der Zeit die Schule besuchen, um Schwierigkeiten bei einer eventuellen Schulfreistellung zu vermeiden. Schließlich fing ich an zu recherchieren und lernte schnell, dass man für jeden Aufenthalt, der über drei Monate hinausgeht zusätzliche Visa für vier Personen benötigt. Je nach Reiseland keine billige Angelegenheit. Gleichzeitig bin ich im Internet auf die Hamburger Reiseagentur „Reiss Aus!" aufmerksam geworden, habe mich beraten lassen und festgestellt, dass es eine Vielzahl von preisgünstigen „Around-The-World" Tickets gibt. Was, wenn wir in keinem Land länger als drei Monate blieben, allerdings mit Schwerpunkt auf unsere Wunschländer?

Die nächste Frage: wie lange wollen wir wohin? – wollten wir mit einem Blick auf die Klimadiagramme der jeweiligen Länder klären. Jetzt galt es wichtige Eckpunkte bzw. Lieblings-länder festzulegen, nach denen man das Flugticket auswählt. Wir wollten unbedingt nach Südamerika und bis nach Feuerland, so dass wir im Sommer der Südhalbkugel dort ankommen. Außerdem wollten wir mindestens 6 Wochen in Neuseeland verbringen und zum Zeitpunkt der Buckelwalaufzucht in Tonga sein. Unbedingt zu vermeiden waren tropische Wirbelstürme in der Südsee und zusätzliche Impfungen oder Malariaprophylaxe (für Kinder sehr unangenehm!).

Damit unsere Tochter nach den Faschingsferien wieder nahtlos in der Schule einsteigen kann, war nach vielen Überlegungen ein perfekter Zeitrahmen von etwas mehr als sechs Monaten, von den deutschen Sommerferien im August 2014 bis zu den Faschingsferien 2015, festgelegt. Wir starteten in Richtung Osten nach Thailand, ein gutes Ziel für Reise-Einsteiger wie uns. Dann ging es für vier Wochen weiter nach Sydney und an die Ostküste von Australien, wo wir die Strecke vom tropischen Cairns zurück nach Sydney in nur drei Wochen zurücklegten. Von Sydney aus sind wir erst einmal nach Auckland geflogen und dann gleich am nächsten Tag weiter nach Tonga, wo wir Anfang Oktober zwei Wochen verbracht haben. Neuseeland wollten wir im Frühsommer ansteuern, bevor das Land von Wohnmobil-fetischisten überrannt wird. Schlussendlich haben wir den Süd-Sommer mit unserer Ankunft in Santiago de Chile, Anfang Dezember, eingeholt.

In Australien mussten wir einen Inlandsflug von Sydney nach Cairns dazu buchen. In Südamerika fuhren wir von Santiago de Chile viele tausend

Kilometer bis nach Punta Arenas / Feuerland und wieder zurück nach Puerto Montt (Chile), von wo aus wir nach Buenos Aires geflogen sind. In acht Wochen war das gut machbar, da wir ein geländegängiges Fahrzeug und ausreichend Hörbücher dabei hatten. Der Abstecher nach Tonga und auf die Vulkaninsel Eua kostete uns weitere Reisekilometer, teils mit fragwürdigen Fortbewegungsmitteln. Bei den günstigsten „Around-The-World" Tickets muss die Route einigermaßen passen und man muss die Abflugtermine bereits bei der Buchung festlegen. Eine spätere Umbuchung für vier Personen ist machbar, aber teuer. Bei uns hat alles weitgehend gepasst und so haben wir im Dezember 2014 vier Tickets (London – Dubai – Bangkok – Sydney – Auckland – Santiago – Buenos Aires) gekauft und die Inlandsflüge etwas später dazu gebucht. Jeder, der gerne noch flexibler unterwegs ist, sollte die Flüge vor Ort selbst buchen. Dabei ist wichtig zu wissen, dass einige Länder das Rückflugticket (mit Angabe wann die Ausreise erfolgt) sehen möchten! Ich persönlich glaube, dass man als Familie mit einem vorgefertigten ATW-Ticket günstiger unterwegs ist, insbesondere, weil es sich dann auch lohnt die Mietwagen frühzeitig zu buchen.

Die Reiseroute

Flugstrecken (ATW-Ticket und weitere Flüge)

Unterwegs in Thailand und Australien

Zug / Schiffsroute in Thailand
Bangkok – Chumpon – Koh Tao – Koh Phangan – Koh Samui – Don Sak/Surat Thani – Khao Sok NP – Surat Thani – Bangkok (Weiterflug nach Sydney)

Autoroute Australien
Cairns - Mossman – Cap Tribulation – Atherton – Innisfail – Townsville – Rockhampton – Hervey Bay – Brisbane – Byron Bay – Blue Mountains NP – Sydney (Weiterflug nach Auckland)

Mit dem Camper in Neuseeland

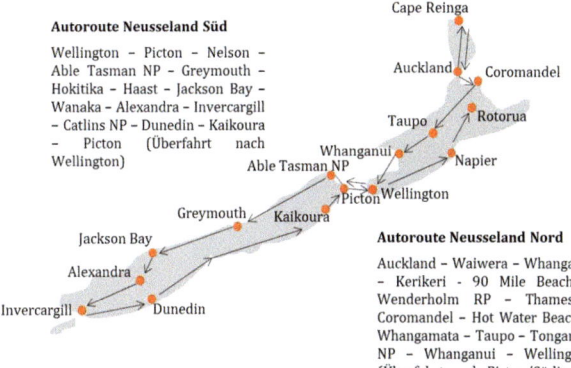

Autoroute Neusseland Süd

Wellington – Picton – Nelson – Able Tasman NP – Greymouth – Hokitika – Haast – Jackson Bay – Wanaka – Alexandra – Invercargill – Catlins NP – Dunedin – Kaikoura – Picton (Überfahrt nach Wellington)

Autoroute Neusseland Nord

Auckland – Waiwera – Whangarei – Kerikeri - 90 Mile Beach – Wenderholm RP – Thames - Coromandel – Hot Water Beach – Whangamata – Taupo – Tongariro NP – Whanganui – Wellington (Überfahrt nach Picton/Südinsel) Wellington – Napier - Rotorua – Auckland (Weiterflug nach Santiago de Chile)

Über die Ruta 40 und die Carretera Austral

Autoroute Südamerika: Ruta 40 Richtung Süden, Careterra Austral (via Chile) Richtung Norden

Santiago – Talca – Villarica - Puerto Montt – Bariloche – El Chalten – El Calafate – Punta Arenas – Puerto Natales (Torres des Paine) – Coyhaique - Chaiten – Isla de Chiloe – Puerto Varas - Ensenada - Puerto Montt – Bariloche (nach BA per Flugzeug)

Was kostet eine Weltreise?

Eine Frage, die wir erst nach unserer Rückkehr beantworten konnten, war die nach den Gesamtkosten der Reise. Wir hatten gespart, um die Flugtickets und Mietwagen zu bezahlen. Um eine möglichst hohe Nettoauszahlung für mein Gehalt zu erreichen, haben wir zuallererst die Steuerklasse geändert. Außerdem haben wir unsere privaten Krankenversicherungen auf Anwartschaft setzen lassen und stattdessen eine günstige Reise-Krankenversicherung abgeschlossen. Hier gibt es gewaltige Unter-schiede und man sollte sich beraten lassen – am besten vom Reisebüro, das bei der Planung involviert ist. Ich habe die Gelegenheit ergriffen und endlich überflüssige Abos oder Versicherungsverträge gekündigt. Außerdem haben wir unser Haus bei AirBNB, einer privaten Internetvermietungs-plattform, annonciert, denn einen Zwischen-mieter zu finden, der unser Haus für die Hälfte der Unkosten bewohnt und die Katze versorgt, schien uns die optimalste Lösung. Bis sechs Wochen vor unserer Abreise hatten wir uns schon damit abgefunden, das Haus leer stehen und die Katze umziehen zu lassen, da meldete sich plötzlich eine Kollegin, die zwecks Gründung einer Patchwork-Familie einen Unterschlupf suchte. Mikas Kinderzimmer wurde zu Moritz Kinderzimmer und unser Hab und Gut ein halbes Jahr von anderen Menschen bewohnt. Somit hatte sich der Reiseetat um einige hundert Euro pro Monat erhöht! Die harten Zahlen und Fakten haben wir nach der Reise mit einem Blick auf die Kreditkartenabrechnung zusammengefasst:

Around-The-World Tickets & Visa: 12.320 Euro. Wer in die USA reist, hat höhere Visa-Kosten. Wir haben nur die Visa für Australien benötigt.

Extra-Flüge: ungefähr 1.500 Euro (Frankfurt – London, Sydney – Cairns, Bariloche – Buenos Aires, Rückflug Eua/Tonga, London – Frankfurt) – alles online im Internet und direkt bei den Airlines gebucht.

Mietwagenkosten: 7.214 Euro (10 Wochen Campervan in Australien und Neuseeland, sieben Wochen Allradfahrzeug in Südamerika). Tipp: bei Jucy Rentals mit Sitz in Neuseeland/Australien bekommt man zusätzliche Rabatte, wenn man innerhalb von drei Monaten ein zweites Mal mietet. Wir hatten einen Jucy Condo für die ersten drei Wochen in Australien und haben dann später das gleiche Auto für sieben Wochen in Neuseeland nochmal angemietet. Mit einem durch-schnittlichen Mietpreis von ca. 55 Euro/Tag sind wir sehr günstig unterwegs gewesen. Aber Vorsicht: dieses Auto eignet sich nur für echte

Camper-Naturen. Es ist unglaublich praktisch, allerdings muss man sich mit vier Personen arrangieren und häufig Gepäck hin- und her wuchten. Wer ein Wohnmobil möchte und in der Hauptsaison unterwegs ist, sollte den doppelten Mietpreis einkalkulieren.

In Südamerika haben wir uns für einen lokalen (aber deutschsprachigen) Mietwagenanbieter in Chile entschieden und waren sehr zufrieden. Von der Buchung über das Internet bis zur Abgabe klappte bei der Firma Seelmann alles wie am Schnürchen. Glücklicherweise bekamen wir sogar noch einen kostenfreien Upgrade, denn der ursprünglich angefragte Allradwagen war anderweitig vergriffen (vielleicht hatte die Firma aber auch einfach nur Angst um das Auto, nachdem klar war, was wir vor hatten...). Der durchschnittliche Mietpreis betrug 65 Euro/Tag für einen Toyota Hillux (4WD) mit Laderaumabdeckung, Teilkasko, Grenzübertritts-papieren zwischen Argentinien/Chile, Rückgabe in Puerto Montt und Kindersitz. Wir haben mit dem Wagen über 10.000 km zurückgelegt, von Santiago bis Punta Arenas und wieder zurück nach Puerto Montt in Mittelchile. Danach sind wir mit dem Bus über die Anden gefahren und von Bariloche in Argentinien nach Buenos Aires weitergeflogen. Anfangs wollten wir in Argentinien ein Auto mieten, haben aber schnell gemerkt, dass die Anmietung in Chile wesentlich günstiger war. Wer mit dem Gedanken spielt, nach Patagonien zu fahren, sollte Kosten für mindestens eine kaputte Windschutzscheibe und eine Reifenpanne einplanen, denn solche Schäden sind verständlicherweise nicht mitversichert. Die Reparatur eines Plattfußes hat uns mitten in der argentinischen Pampa nur fünf Euro (und eine Flasche Wein) gekostet, die Heckscheibe in Chile ca. 100 Euro – dafür braucht man wirklich keine Versicherung abzuschließen! Andere Versicherungen sind wiederum von großer Bedeutung, obwohl wir sie glücklicherweise nicht in Anspruch nehmen mussten: die Reise-Krankenversicherung und die Reiserücktritts-Versicherung. Wir haben für beide Versicherungen zusammen 991 Euro bezahlt und keine weiteren Versicherungen abgeschlossen. Die Reiserücktritts-Versicherung sicherte uns die Flug-Tickets ab und – falls nötig – die Möglichkeit auf Versicherungskosten nach Hause zu reisen, falls nahe Verwandte ernsthaft erkranken. Wenn man wie wir Familienangehörige im Rentenalter zu Hause zurücklässt, ist eine solche Absicherung sinnvoll. Der große Rest der Ausgaben für Unterkunft, Versicherungen, Reparaturen, Essen, Ausflüge etc. lässt sich nach der Reise mit ca. 28.000 Euro beziffern, so dass uns die ganze Reise in etwa 50.000 Euro gekostet hat, also pro Person 12.500 Euro. Das hört sich erst einmal viel an, darin enthalten sind aber alle Lebenshaltungskosten für vier Personen, die wir zu Hause auch gehabt hätten.

Schulfreistellung

Eltern mit schulpflichtigen Kindern in Deutschland stehen aufgrund der aktuellen Gesetzeslage vor einer ganz besonderen Herausforderung: Die Schulgebäudeanwesenheitspflicht, die auf ein Gesetz von 1938 zurückgeht. Demzufolge müssen schulpflichtige Kinder in der Schule unterrichtet werden. Viele andere europäische Länder erlauben eine Beschulung zu Hause, durch die Eltern oder entsprechendes Lehrpersonal – in Deutschland ist das leider nicht möglich. Um unsere heute 15-jährige Tochter für ein halbes Jahr aus dem Gymnasium abzumelden, benötigten wir eine Freistellung aus besonderen Gründen, die von der Schulleitung ausgestellt, aber vom Regierungspräsidium des Bundeslandes genehmigt werden muss. Voraussetzung hierfür ist, dass die Schulleitung die Freistellung befürwortet und sich entsprechend für den Schüler/die Schülerin einsetzt. In unserem Fall haben wir innerhalb von sechs Wochen eine Genehmigung erhalten, denn es war sehr unwahrscheinlich, dass die Versetzung unsere

Tochter gefährdet sein würde, selbst wenn sie nach Rückkehr nur noch das zweite Halbjahr der neunten Klasse absolvieren wird. Sicherlich ist es auch von Vorteil, wenn man stichhaltig erklären kann, wie man sein Kind beim Nachholen des Stoffes unterstützen wird. Wir konnten aufgrund unserer eigenen Ausbildung die Naturwissenschaften gut abdecken, außerdem gab es von einigen Lehrern das nette Angebot, den Stoff vor zu lernen (z.B. Latein). Angenehm überrascht hat uns die große Unterstützung der Lehrer / Erzieher und immer wieder das bestärkende Feedback, dass diese Reise eine ganz besondere Lernerfahrung für unsere Kinder sein wird. Am Anfang hatten wir uns vor neidischen Bemerkungen gefürchtet, tatsächlich wurde unseren zurückhaltenden Erzählungen über das Vorhaben aber immer mit Begeisterung und Unterstützung begegnet, so dass die Kinder und wir mit der Zeit immer selbstbewusster bezüglich der Kommunikation unserer Pläne wurden.

Im Internet habe ich sehr viel über die Erfahrungen von anderen Reisenden mit Kindern gelesen, viele haben leider keine Genehmigung bekommen (denn letztendlich ist die Freistellung immer eine Einzelfallentscheidung und rechtliche Grauzone). In diesem Fall wird den Eltern geraten, ein Elternteil zusammen mit dem Kind in Deutschland abzumelden. Man kann das machen, wir hätten uns aber vor den Folgen für unsere Kinder gefürchtet – denn wie sollen die Kinder damit vor sich selbst und den Mitschülern umgehen? Einer Freistellung für Grundschulkinder (in unserem Fall einer Rückstellung für den fast sechsjährigen Sohn) wird wesentlich häufiger zugestimmt, insbesondere, weil es für Eltern einfacher ist, den Lernstoff alleine mit den Kindern zu erarbeiten. Trotzdem benötigt man auch hier eine offizielle Genehmigung, die auf der Reise mitzuführen ist. Wir haben die Tickets erst gekauft, nachdem wir für beide Kinder Frei- bzw. Rückstellungen hatten. Man sollte keine Angst haben, mit der Schulleitung offen über sein Anliegen, die eigene Motivation und mögliche Alternativen zu sprechen. Es kann viele Gründe geben, warum eine Freistellung nicht genehmigt wird. Trotzdem kann man immer noch weiter für sein Ziel, Weltreise mit Kindern, kämpfen, Vorbehalte ausräumen und Möglichkeiten ausloten. Unser Berufsalltag verdichtet sich zunehmend und auch die Belastung für Schüler hat in den letzten Jahren stark zugenommen, warum also sollten selbst schlechtere Schüler nach einem Sabbatical nicht gestärkt und selbstbewusst („Ich weiß jetzt was ich will!") wieder zur Schule gehen, genauso, wie ihre Eltern mit neuem Elan an einen Arbeitsplatz zurückkehren, an dem Auszeiten zur Regeneration längst salonfähig geworden sind?

Geld und wichtige Unterlagen

Kreditkarten sind praktisch, aber teuer, wenn man länger unterwegs ist. Der einschlägigen Reiseliteratur folgend haben auch wir uns Kreditkarten von einer Direktbank (z.B. DKB) besorgt. Man kann mit den Karten überall gebührenfrei Geld abheben und kassiert sogar Zinsen auf hinterlegtes Guthaben. Wichtig ist, dass die Kreditkarten vorher ausreichend gedeckt sind bzw. man vom dazugehörigen Girokonto genügend Geld auf das Kartenkonto überwiesen hat. Eine Überweisung von unterwegs ist zeitraubend, denn leider gibt es bei vielen Banken keine mobilen TAN Nummern – und wer nimmt schon gerne seine ausgedruckte TAN-Liste auf solch eine Reise mit? Wir haben leider erst nach einiger Zeit gemerkt, dass das Geld abheben zwar nichts kostet, die Bezahlung mit der Kreditkarte aber jedes Mal 1,75% Auslandseinsatzentgeld einfordert. Wenn man gewohnt ist, mit Plastikgeld zu bezahlen, wird das schnell richtig teuer. Nach etwa drei Monaten und 300 Euro Gebühren haben wir in Südamerika dann immer wieder Geld abgehoben und mit Bargeld bezahlt, denn Geldautomaten sind fast überall zu finden.

Unterlagen, die im Gepäck nicht fehlen dürfen sind natürlich Pässe, die mindestens noch ein Jahr

Gültigkeit haben sollten (wenn man zurück ist). Man glaubt es kaum, aber nie hätten wir so viele Stempel im Pass erwartet! Bei kleineren Kindern gilt der früher sehr beliebte Kinderreisepass zwar noch, wir hatten aber an fast allen Grenzposten längere Wartezeiten, weil er nicht direkt eingescannt werden konnte. Manch ein Grenzbeamter hatte so einen Pass noch niemals zuvor gesehen und wir wurden einer besonderen Prüfung unterzogen. Insbesondere in Südamerika laufen großangelegte Fahndungen wegen Menschenhandels. Neben dem europäischen Führerschein sollte man immer noch den internationalen (befristeten) Führerschein dabei haben. Sollte man in die Verlegenheit kommen, seine Fahrerlaubnis abgeben zu müssen, kann gerne der internationale Führerschein gehen – man hat ja noch einen zweiten!

Ein weiterer wichtiger Bestandteil des Gepäcks ist das Rück- oder Weiterflugticket. Ich habe immer am Vorabend per online Check-in und Buchungscode des jeweiligen Fluges eingecheckt. Oft wurde dann aber am Schalter bei der Gepäckabgabe dennoch nach dem Rückflugticket gefragt, welches wir anfangs nicht hatten. Schließlich hat sich eine nette Qantas Stewardess in Australien erbarmt und uns das gesamte ATW-Ticket für alle vier ausgedruckt, danach hatten wir keine Probleme mehr beim Check-In. Außerdem hatten wir dabei: Impfpässe, Passfotos, Kopien von Geburtsurkunden der Kinder, Versicherungs-Unterlagen. Sämtliche Dokumente wurden vor der Abreise eingescannt und an unsere E-Mail-Inbox gesendet. Online-Banking-Daten und Kreditkarteninformationen wurden ebenfalls gescannt, verschlüsselt und an unsere Mailbox gesendet, im Druckformat sollte man diese Informationen auf keinen Fall dabei haben.

Elektronik Schnick-Schnack

Man ist leicht verführt vom Angebot der digitalen Welt, darüber waren wir uns bei der Planung bewusst. Da wir aber oft in der Lage sein mussten, unser Gepäck selbst zu tragen, war sehr schnell klar, dass wir mit der Minimalausstattung an elektronischen Geräten losziehen würden. In der Vorbereitung hat Jan viele Stunden im Internet verbracht, bis wir schließlich eine kleine, leichte Digitalkamera gefunden hatten. Nicht zu teuer und nicht zu schwer sollte sie sein, um eventuellen Verlusten vorzubeugen. Die Lumix LX7 hat diese Anforderungen voll erfüllt, denn obwohl wir kein Teleobjektiv dabei hatten, sind wir begeistert von den Fotos und ihrer Tiefenschärfe. Es ist sicher eine Verlockung, sich mit viel Equipment auszustatten, wir würden aber trotzdem dazu raten, nur das Nötigste mitzunehmen. Damit wir die am Ende rund 10.000 Fotos sichern konnten, haben wir sie per Datenkabel auf das Tablet unserer Tochter übertragen und zusätzlich auf eine Backup-Karte kopiert. Das 8-Zoll Tablet mit 3G wurde unser „Mädchen für alles": E-mails, Schulvorbereitung, Unterkunftssuche, Fotogalerie und -sicherung, Bibliothek für Hörbucher und Filme, Skype- und Telefonkontakt, Blog schreiben... bereits in Tonga hatte es sich bei einem Sturz eine gesplitterte Frontscheibe zugezogen, trotzdem kamen wir damit bis zum Ende der Reise tadellos über die Runden! Allen Unkenrufen zum Trotz reichte das Gerät absolut aus. Zugegeben, am Anfang gab es öfter mal Differenzen zwischen Nele und mir, sie wollte WhatsApp nutzen, und ich Bilder hochladen. Später haben wir uns dann einfach besser abgesprochen. Zur weiteren Unterhaltung hatten wir noch ein Kindle E-Book dabei (im Notfall konnte man damit auch E-mails bearbeiten) und zwei sehr kleine MP3-Spieler der ersten Generation. Letztere waren ultraleicht und zur Unterhaltung im Flieger und auf langen Autofahrten nicht wegzudenken.

Um Telefonkosten zu sparen und trotzdem erreichbar zu sein, haben wir uns ein einfaches Mobiltelefon besorgt und bei Ankunft im Flughafen in jedem Land gleich eine Prepaid-Karte besorgt. Manchmal gab es sogar günstige

Angebote mit Datenvolumen, so dass wir die landeseigene SIM-Karte dann auch mit dem Tablet nutzen konnten. Gut so, denn in Südamerika funktionierte unser einfaches Mobiltelefon dann sowieso nicht mehr. Für alle Fälle hatte ich noch eine private Deutschland-SIM Karte dabei. Überrascht hat uns, dass es bis in den letzten Winkel der Erde zwar WLAN gibt, jedoch oft keinen Telefonempfang. Die Nutzung des Internets hat unsere Reise erheblich erleichtert, denn so konnten wir immer ein paar Tage vorausplanen und schöne Unterkünfte (über z.B. Tripadvisor, AirBNB) buchen. Ganz wichtig sind ausreichend Ladekabel und Adapter, denn die vergisst man schnell einmal in einer Unterkunft, oder die Kabel verschleißen durch das viele Herumtragen.

Kleidung & Gepäck

Mehr als 20 Kilogramm Gepäck sind bei den meisten Airlines nicht erlaubt. Bei der Planung der Reise hatten wir sehr viel Respekt vor dieser magischen Zahl und Angst, dass wir damit nicht auskommen würden. Das Testpacken und – tragen am Tag vor der Abfahrt zeigte dann, dass 20 Kilogramm sowieso viel zu viel sind. Bis auf Mika, der mit einem Roll-Trolley ausgerüstet wurde, hatten wir uns alle auf je einen Trekking-

Rucksack und ein Handgepäckstück festgelegt. Für mich waren 14 Kilogramm auf dem Rücken mehr als genug, Nele kam auf 12 und Jan auf 17 Kilogramm. Wir haben sehr platzsparend gepackt und uns fast vollständig mit leichtgewichtigen Mikro-Fleece-Produkten ausgestattet. Die volle Montur für eine Person beinhaltete zwei schnelltrocknende Outdoor-Hosen, eine Outdoor-Jacke, eine Fleece-Jacke, ein Regenponcho, eine dünne Daunenweste, drei-vier T-Shirts/Hemden, ein Paar Wander- oder Sportschuhe, Sandalen, zwei Mikro-Fleece-Handtücher, Badekleidung, ein Schlafsack, ein dünner Seidenschlafsack, eine Isomatte, zwei Zelte (für uns vier) und drei ultraleichte „daypacks" für Tagesausflüge. Wir haben auf Moskitonetze verzichtet und uns gedacht, dass wir notfalls auch die Innenzelte als Schutz hätten. Dafür reisten eine Taschenlampe (unverzichtbar!), Flickzeug, Taschenmesser, Kocher und leichtes Essgeschirr mit. Unsere Wanderrucksäcke hatten wir vor jedem Check-In nochmal in einer extra Rucksackhülle verpackt, damit die Gurte und Verschlüsse beim Transport keinen Schaden nahmen. Der berühmte Anfängerfehler, Messer, oder die in Thailand erstandene Zwille von Mika im Handgepäck mitzuführen, unterlief uns mehrfach. Glücklicherweise haben die Heulattacken unseres Sohnes und die Tatsache, dass wir immer überpünktlich am Flughafen waren, dazu geführt, dass wir einfach noch eines unserer Handgepäckstücke mitsamt des Gefahrgutes im Nachhinein einchecken konnten.

Den größten Gewichtsanteil machten die Medikamente aus, gefolgt von der Elektronik und den Reiseunterlagen. Funktionale Kleidung ist wirklich nicht schwer! Hygieneartikel haben wir sparsam in kleine Plastikflaschen abgefüllt (Shampoo, Duschgel, Sonnenmilch). Auf der Suche nach Reiseführern im elektronischen Format bin ich leider nur auf Lonely Planet gestoßen. Die Auswahl ist (noch) nicht besonders gut, es kommen aber immer mehr Alternativen auf den Markt. Lonely Planet ist prima geeignet zur Planung der Route und für alles Organisatorische. Die Informationen zu den jeweiligen Ländern, z.B. Flora und Fauna, lassen aber meist zu wünschen übrig. Wir mussten vieles im Internet, z.B. bei Wikipedia nachlesen. Lediglich den Reiseführer für das erste Land, Thailand, hatten wir in Druckform dabei. Nele hat sich vor der Reise die wichtigsten Schulbuchseiten abfotografiert und auf dem Tablet gespeichert. Schwere Lehrbücher oder Reiseführer mit auf die Reise zu nehmen, hielten wir für unnötig (was sich auch bestätigt hat). Außerdem besteht immer die Möglichkeit Bücher zu tauschen, z.B. in Jugendherbergen oder Gästehäusern. Mika durfte einen kleinen Rucksack mit etwas Spielzeug füllen (Malsachen,

Playmobil), allerdings hat er den Inhalt kaum benutzt, sondern sich während der Reise mit dem amüsiert, was zu finden war. Wenn man mit Kindern aus dem Überflussland Deutschland auf Reisen geht, glaubt man erst einmal nicht, dass es auch ohne Spielzeug geht. Wir waren positiv überrascht, wie phantasievoll unser Sohn mit Naturmaterialien spielt und sich vor allem auch alleine damit beschäftigen kann. Nach unserer Rückkehr war die Sehnsucht nach Playmobil und Lego dann aber doch wieder da. Ein Beweis dafür, wie gut sich Kinder an die jeweilige Lebenssituation anpassen können. Für Nele war es am Anfang schwierig, der Versuchung des Einkaufens zu widerstehen. Gerade in Thailand kann man tolle Klamotten oder Schmuck erstehen und eine 14-jährige kann sich nur schwer von diesen Begehrlichkeiten distanzieren. Wir Erwachsenen können das meist ebenso wenig. Später in Chile haben wir realisiert, wie sehr die Bevölkerung auf die touristischen Einnahmen angewiesen ist. Wir haben einen Kompromiss gefunden und uns entschlossen, von Thailand aus zwei Pakete mit Andenken nach Hause zu schicken. Wenn es mal wieder ein neues T-Shirt sein musste, wurde ein altes dafür hergegeben (das nach dem häufigen Waschen sowieso schnell abgewetzt war). In Tonga gab es so viel interessantes Kunsthandwerk und Muscheln, dass wir – wenn auch teuer - ein weiteres Paket auf die

Reise geschickt haben. Wertvoll und besonders schwer waren diese Pakete nie, aber wir wussten, dass sie uns im weiteren Verlauf der Reise im Weg sein würden. Am Ende der Neuseelandetappe wurde mir dann plötzlich klar, dass Mikas kleiner Koffer locker als Handgepäck durchgeht und so haben wir uns ein weiteres großes Gepäckstück zugelegt, in das dann alles wanderte, was als Andenken aus Neuseeland und Südamerika mit nach Hause musste.

Die gut gemeinten Ratschläge anderer Weltreisender wenig Gepäck mitzunehmen, haben wir beherzigt, dennoch hätten wir im Nachhinein auf noch mehr verzichten können: die dünnen Seidenschlafsäcke, Isomatten, Handtücher und Zelte waren überflüssig. Selbst der Campervan war mit Handtüchern ausgestattet und in Thailand und Tonga waren überall Moskitonetze vorhanden. Wir hatten die Zelte für alle Fälle dabei, aus Angst, dass wir in Südamerika in der Hochsaison keine Unterkunft finden würden, was aber nie der Fall war. Außerdem waren gute Zeltplätze in Chile und Argentinien schwer zu finden oder für uns als Familie zu abgelegen. In El Chalten kamen wir dann ins Gespräch mit dem Besitzer eines Outdoor-Geschäftes, der mehrtägige Trekkingtouren am Fitz-Roy-Massiv anbietet. Er erzählte uns, wie schwierig und teuer es ist, gute Marken nach

Argentinien zu importieren. Also entschlossen wir uns kurzer Hand, Ballast abzuwerfen und ihm unsere bisher ungenutzten Zelte zum Einkaufspreis anzubieten. So haben beide Seiten ein gutes Geschäft gemacht. Wirklich hochwertige Outdoor-Ausrüstung und Kleidung sieht selbst nach 6 Monaten Dauereinsatz noch fast wie neu aus. Wir hatten sehr wenig Kleidung dabei, diese aber vorher sorgfältig ausgewählt. Bis auf ganz wenige Ausnahmen sind die Sachen heute immer noch tragbar, was den höheren Preis rechtfertigt und nachhaltiger ist. Viele Outdoor-Ausrüster haben Outlet-Geschäfte irgendwo in Deutschland, zu denen sich ein Ausflug zur richtigen Jahreszeit lohnt. Im Internet kann man ebenfalls Schnäppchen machen. Wenn man aber ohnehin schon bis zum Hals in Reisevorbereitungen steckt, wird das ständige Zurückschicken bei Nichtgefallen schnell nervig.

Medikamente und Impfungen

Bei unserer Reiseroute kamen wir mit den üblichen Impfungen aus: Tetanus, Diptherie, Keuchhusten, Polio, Masern/Mumps/Röteln, Meningokokken, Pneumokokken sowie Hepatitis A und B. Da unsere Kinder nur sehr zurückhaltend geimpft waren, musste Mika vor der Reise mehrfach zum Arzt und die Begeisterung darüber hielt sich in Grenzen. Wegen einiger Impfungen, z.B. Hepatitis, sollte man mindestens sechs Monate vor Abreise mit den Impfterminen beginnen, damit der Schutz ausreicht. Wir haben wegen der Kinder neun Monate vorher angefangen und gemeinsam mit unserem Hausarzt einen Impfplan erstellt, denn selbst bei uns Erwachsenen fehlte so einiges. Wenn man in abgelegene Regionen reist, sind die Hausärzte schnell überfordert, daher lohnt es, sich fachmännisch beraten zu lassen, z.B. in Tropeninstituten. Der Outdoor-Ausrüster Globetrotter bietet in seiner Filiale in Frankfurt ebenfalls eine reisemedizinische Beratung an. Die Kosten für die Impfungen werden, sofern es sich um Standardimpfungen handelt, von den gesetzlichen Krankenkassen übernommen. Wir hatten viel zu viele Medikamente dabei: sechs große Zip-Plastiktüten prall gefüllt für den Fall der Fälle, außerdem ein Breitbandantibiotikum von nicht zu verachtendem Gewicht. Alles wurde verteilt auf unser Gepäck. Beim Blick auf diese Menge machte ich mir ernsthaft Sorgen, ob wir Probleme beim Zoll bekommen würden, also haben wir auch noch alle Beipackzettel mitgenommen. Für unsere Medikamente hat sich später niemand interessiert und wir haben auch nur einen Bruchteil davon benötigt: Elektrolytpulver bei Jans Darminfektion in Thailand, Hustenlöser (ACC Akut) bei

Erkältungen, Paracetamol/Aspirin, Pflaster und Desinfektionsspray. Empfehlen würden wir immer eine antibiotische Hautsalbe, Halstabletten, Mittel bei Pilzinfektionen (insbesondere für Frauen) starke Schmerzmittel (für Zahnschmerzen, z.B. Ibuprofen 800), Reisetabletten (z.B. Superpep Kaugummis, Seaband) und eventuell Mittel gegen Verstopfung oder Durchfall. Wir hatten zusätzlich noch antibiotische Augentropfen, Baldrianpastillen, Ingwerbonbons, Rescue-Tropfen, Arnika Globuli und ein Antihistamin-Medikament dabei. Bis auf in Tonga hätten wir aber jedes Mittel auch vor Ort kaufen können. Es war ein gutes Gefühl, versorgt zu sein, trotzdem würde ich bei zukünftigen Reisen weniger Medikamente mitnehmen.

Unterkünfte

Ich hatte mich vor allem um Unterkünfte vor/nach den Flügen in Dubai, Sydney, Auckland, Santiago und Buenos Aires gekümmert. Gerade, wenn es in einen neuen Kulturraum ging, wollten wir nicht in einem Hotel wohnen, sondern die private Atmosphäre einer Wohnung genießen – und Geld sparen, denn zwei Doppelzimmer oder selbst ein Viererzimmer im Hotel waren in der Regel immer teurer.

Um den Stress des ersten Langstreckenfluges und die Zeitverschiebung zu reduzieren, haben wir erst einmal einen Zwischenstopp von drei Tagen in Dubai gemacht und frühzeitig ein booking.com Schnäppchen für die Übernachtung gebucht. Da es August war und somit sehr heiß, konnten wir eine kostengünstige Wohnung direkt im Hotel buchen. Das Gefühl, bei fast 50 Grad Celsius aus dem gut klimatisierten Hotel auf die Straße zu gehen, werden wir nie vergessen! Trotzdem können wir einen solchen Zwischenstopp nur empfehlen, denn Dubai ist sehr interessant, wenn man sich etwas Zeit nimmt. Die meisten Reisenden sehen nicht mehr als den Flughafen und eine Retortenstadt mitten in der Wüste von oben. Wenn man aber zur richtigen Zeit unterwegs ist (wir waren es nicht), ist ein Ausflug in die Wüste sicher auch ein tolles Erlebnis. Alles in allem wurden die meisten Unterkünfte über AirBNB, vor-Ort-Empfehlungen und booking.com gebucht. Zusätzlich habe ich unsere Wahl immer mal wieder per Tripadvisor verifiziert. Die besten Unterkünfte und schönsten Bekanntschaften kamen über AirBNB oder private Empfehlungen zustande. Den Aufenthalt in Thailand haben wir noch von zu Hause aus gebucht, mit Rücksicht auf die Finanzen. Über das Internet ist das inzwischen wirklich einfach und entspannt. Alles weitere für die Rundreise durch Thailand ließ sich ebenfalls gut von Deutschland aus planen, wie z.B. die

Zugfahrt an die Küste oder der Aufenthalt bei den Elefanten. In Australien und Neuseeland brauchten wir nur Unterkünfte für Ankunft und Abflüge, die restliche Zeit waren wir ja mit dem Camper versorgt – alles Weitere ergab sich vor Ort. In Tonga hatten wir ebenfalls frühzeitig gebucht, insbesondere den Aufenthalt auf Eua im Gästehaus Hideaway. Im Nachhinein wäre aber selbst das nicht nötig gewesen, denn leider ist die Anbindung der Insel per Schiff oder Flugzeug so unzuverlässig, dass immer weniger Touristen nach Eua kommen. Schade! Südamerika ließen wir schließlich ganz offen – bis auf die ersten vier Tage in Santiago, wo wir wieder eine Wohnung gemietet hatten, war nichts vorreserviert. Ich hatte schon im Vorfeld der Planungen gemerkt, dass wir Chile und Argentinien auf uns zukommen lassen sollten. Wir wollten flexibel bleiben, denn wir wussten, dass in Patagonien nicht immer alles nach Plan laufen würde. Gleich nach Ankunft in Santiago haben wir uns auf die Suche nach geeignetem Kartenmaterial gemacht und die ersten Etappen mit dem Auto geplant. Einmal unterwegs, sind wir von Gästehaus zu Gästehaus gezogen und haben immer nur ein paar Tage im Voraus reserviert. Lediglich die Weihnachtstage, an denen wir ausgerechnet im touristischen Hotspot El Calafate ankamen, erforderten etwas mehr Aufmerksamkeit bei der Suche. Besonders schön fanden wir die über AirBNB gebuchten

Unterkünfte, denn die privaten Vermieter haben uns regelrecht verwöhnt und herzlich begrüßt. In Puerto Natales, in der Nähe des sagenhaften Nationalparks Torres del Paine, erwartete Ricarty uns in seinem Ferienhaus mit Wein und Schokolade, im Seengebiet in Mittelchile bewohnten wir für eine Woche ein gemütliches Blockhaus, in dem wirklich alles vorhanden war – samt Panoramablick auf den Vulkan Osorno. Während dieser etwas längeren Aufenthalte an einem Ort, haben wir uns dann wieder richtig wie zu Hause gefühlt.

Zum Schluss: Kurze Antworten auf schwierige Fragen

Die schönste Unterkunft

Für uns ist es das chilenische Schweizerland Suizake. Die kleine, einfache Holzhütte bei Ninoska und Werner hat uns so sehr in ihren Bann gezogen, dass wir wiederkommen möchten. Sehr wohl haben wir uns auch gefühlt im Zapato Amarillo in Puerto Octay (Chile), und auf Konrads Husky-Farm, Aurora Austral, am Villarrica Vulkan (Chile).

Das beste Essen

Ohne lange darüber nachzudenken, fällt unsere Wahl auf das Ha´atafu Beach Resort auf Tongatapu, in Tonga. Der tongaisch-australische Familienbetrieb kocht abends was morgens frisch aus dem Pazifik gefischt wird. Wir waren nur einige Tage dort, wurden aber jeden Abend mit einem abwechslungsreichen Buffet über alle Maßen verwöhnt.

Die einsamsten Strände

Wer Strände liebt, findet die schönsten Strände unserer Route in Neuseeland und an der nördlichen Ostküste Australiens (in Queensland). Besonders im Daintree NP ganz im Norden sind die Strände traumhaft schön – aber gefährlich wegen der Krokodile.

Die wildesten Berge

Kein Nationalpark hat uns so berührt, wie der chilenische Nationalpark Torres del Paine. Gletscher, schroffe Berge, türkisfarbene Seen und eine unendliche Weite kennzeichnen diesen fantastischen Park. Mit etwas Glück bekommt man sogar einen Puma zu Gesicht.

Die schönste Wanderung

Da können wir uns wirklich nicht entscheiden! Besonders beeindruckt hat uns der 8-stündige Mount Tongariro Alpine Crossing in Neuseeland (Nordinsel), allerdings nur zu empfehlen mit laufstarken Kindern. Für Familien 100% geeignet, auch als mehrtägige Wanderung, ist der neuseeländische Able Tasman Track. Es geht durch Berg und Tal vorbei an traumhaften Sandstränden. Die neuseeländische Nationalpark-Behörde liefert eine perfekte Infrastruktur und beste Betreuung (einfache Buchung über das Internet).

Die beste Fluggesellschaft

Wieder hat sich für uns bestätigt: das mit Abstand freundlichste Personal hat die Lufthansa. Am wohlsten haben wir uns trotzdem bei Emirates gefühlt – dort stimmte einfach alles!

Die einprägsamste Erfahrung

Menschen, die nicht viel besitzen und glücklich durch ihr Leben gehen.

Herstellung und Verlag:
BoD - Books on Demand, Norderstedt
ISBN 978-3-7386-4563-7